AF307264

GUERRE COMMERCIALE : TOUT COMPRENDRE POUR MAXIMISER VOS PROFITS

Bourse, Métaux précieux, Immobilier, Devises, Stratégies juridiques individuelles

©2025. EDICO

Édition : JDH Éditions

7 rue Aristide Maillol 77600 Bussy-Saint-Georges

contact@jdheditions.fr

Imprimé par Libri Plureos GmbH, Friedensallee 273, 22763 Hambourg, Allemagne

Réalisation et conception couverture : Cynthia Skorupa

ISBN : 978-2-38127-408-9

Dépôt légal : avril 2025

Jean-David Haddad

GUERRE COMMERCIALE : TOUT COMPRENDRE POUR MAXIMISER VOS PROFITS

Bourse, Métaux précieux, Immobilier, Devises, Stratégies juridiques individuelles

Décryptages

JDH Éditions

Sommaire

Note liminaire de l'auteur..9

Introduction : du monde ouvert au monde verrouillé : chronique d'une bascule..11

PREMIÈRE PARTIE : TOUT SAVOIR SUR LA GUERRE COMMERCIALE...15

Chapitre I – Comprendre les droits de douane...................16

Comment les droits de douane sont passés de la banalité fiscale au levier géopolitique et financier du monde de demain ?

Chapitre II – Les effets économiques immédiats : quand la frontière se paie..20

Découvrez comment une taxe à la frontière dérègle l'économie entière, entre hausse des prix, et faux espoirs industriels.

Chapitre III – Avril 2025 : la secousse Trump.....................26

Pourquoi cette secousse est si profonde sur les marchés boursiers, les monnaies et la diplomatie mondiale ?

Chapitre IV – Le duel des géants : guerre commerciale ou guerre d'égos ?..33

Comment Trump et Xi transforment la guerre commerciale en affrontement personnel, plaçant l'Europe dans une impasse stratégique.

Chapitre V – Une fois de plus, l'Europe au pied du mur...................38

C'est maintenant la dernière possibilité pour l'Europe de se décider entre : rester morcelée ou se transformer en bloc économique et stratégique face aux géants

Chapitre VI – Le piège des négociations bilatérales.........................44

Découvrez comment Trump a pu exploiter une faille institutionnelle et si d'autres pourraient suivre.

SECONDE PARTIE : LES STRATÉGIES POUR MAXIMISER VOS PROFITS DANS CE MONDE QUI SE FERME..49

Chapitre VII – Trois scénarios économiques pour le monde de demain...50

Découvrez les trois grands scénarios du futur proche : repli chaotique, blocs rivaux ou refondation coopérative, et chacun reste possible.

Chapitre VIII – Marchés financiers : trois scénarios boursiers pour un monde incertain et les choix à faire...55

Comment se préparer à chacun de ces trois futurs possibles pour les marchés boursiers, en utilisant l'Europe comme levier de puissance pour ceux qui sauront lire les lignes de fracture.

Chapitre IX – Comment circuler dans un monde qui se referme ?...63

Dans un monde où voyager deviendrait un privilège, seuls ceux qui auront anticipé pourront préserver leur liberté de mouvement : découvrez comment et pourquoi.

Chapitre X – Monnaies, or et cryptoactifs : la recomposition monétaire à venir...72

Découvrez les stratégies indispensables à mettre en place dès aujourd'hui face à la guerre froide monétaire qui découlera du « choc Trump » et d'une once d'or possiblement à 5 000 $.

Chapitre XI – Immobilier : repères stratégiques pour un monde en recomposition..88

L'immobilier restera une valeur refuge à condition d'adopter une stratégie sélective, tournée vers les zones à découvrir, les actifs résilients et des supports adaptés comme quelques SCPI.

Conclusion – Quand les peuples se taisent, le monde se transforme...92

Annexe – Frontières, souveraineté et expatriation : le cas français face au monde qui se ferme...94

Note liminaire

En avril 2020, en pleine pandémie mondiale de Covid-19, j'ai publié un essai intitulé *Face au monde d'après*. C'était une tentative de penser à chaud à ce que la crise sanitaire révélait de nos sociétés, mais aussi ce qu'elle risquait de transformer durablement. J'y abordais des thématiques qui, à l'époque, paraissaient encore spéculatives à beaucoup : l'accélération de la fermeture des frontières, la mise sous surveillance des populations, le retour de la puissance publique dans l'économie, la montée des autoritarismes, ou encore la crise de confiance dans les institutions multilatérales.

Cinq ans plus tard, nombre de ces évolutions se sont non seulement concrétisées, mais sont devenues le cœur du débat mondial. L'expérience du Covid a fonctionné comme un électrochoc collectif. Elle a montré que la fermeture des frontières, y compris au sein même de l'Union européenne, était non seulement possible, mais politiquement et socialement acceptable. Elle a légitimé un usage accru des technologies de surveillance sous prétexte de santé publique. Elle a reconfiguré les rapports entre citoyens et gouvernants, entre nations et blocs régionaux.

Depuis, ces tendances se sont accentuées. La guerre en Ukraine a réactivé la logique de blocs géopolitiques. L'élection de Donald Trump en 2024 a marqué un tournant majeur dans la guerre commerciale globale. Et à travers tout cela, un schéma se dessine : celui d'un monde qui se referme, où les droits de douane, les restrictions de mobilité, les mesures de filtrage ou de conditionnalité deviennent la norme.

Ce nouveau livre s'inscrit dans la continuité de l'analyse esquissée en 2020. Mais il adopte une posture différente : il ne s'agit plus d'alerter, mais de comprendre et d'anticiper. Comprendre les logiques profondes à l'œuvre derrière ce qu'on appelle « guerre commerciale ». Anticiper les implications économiques, sociales, géopolitiques, mais aussi humaines d'un monde structuré par la fermeture et la sélection.

La réflexion est volontairement transversale. On y parle de droits de douane, mais aussi de mobilité, de souveraineté, de régimes politiques, de marchés financiers, de chaînes de valeur, de flux migratoires ou de transition militaire. Car tout cela est désormais lié.

En repensant à l'essai de 2020, je mesure combien les questions que nous n'osions formuler à l'époque sont devenues, aujourd'hui, des éléments de réalité politique. Ce n'est pas le fruit d'un quelconque talent prédictif, mais le résultat d'une conviction : les grandes ruptures ne surgissent pas soudainement. Elles s'annoncent, elles mûrissent, elles s'insinuent. Encore faut-il accepter de les regarder en face.

Ce livre tente d'en fournir une lecture structurée. Pour ne pas subir. Pour choisir encore. Avant qu'il ne soit trop tard.

Introduction

Du monde ouvert au monde verrouillé : chronique d'une bascule

Pendant près de trente ans, de la chute du mur de Berlin en 1989 jusqu'à la fin des années 2010, l'histoire économique mondiale a semblé suivre une trajectoire unique : celle d'un monde de plus en plus ouvert, fluide, connecté. C'était l'ère de ce que certains ont appelé la **« mondialisation heureuse »**.

La formule, popularisée en France par l'économiste Alain Minc au début des années 2000, traduisait une vision optimiste et linéaire de l'avenir. Le commerce international, disait-on, allait rapprocher les peuples, lisser les inégalités, faire reculer les guerres. L'interdépendance économique devait créer une paix structurelle. Les entreprises devenaient transnationales, les chaînes de valeur s'étendaient sur plusieurs continents, et les capitaux circulaient librement. L'Organisation mondiale du commerce (OMC), créée en 1995, incarnait ce nouveau paradigme, tout comme l'entrée de la Chine en son sein en 2001 – un événement fondateur du XXIe siècle économique.

Entre 1990 et 2008, le commerce mondial a été multiplié par quatre, bien plus vite que la croissance du PIB mondial. Les géants du numérique ont construit un empire planétaire, les produits « made in China » sont devenus omniprésents, et l'idée même de fermer des frontières semblait rétrograde, voire absurde. On parlait alors de « fin de l'histoire », d'« ère post-nationale ». L'horizon était censé être indéfiniment ouvert.

Et pourtant, tout a basculé.

2020 : Le choc du réel

L'année 2020 a agi comme un coup de massue sur cette illusion d'ouverture perpétuelle. Le Covid-19, virus invisible mais brutal, a déclenché un réflexe que l'on croyait révolu : le repli sur soi des nations, la fermeture des frontières, la désarticulation soudaine des flux humains et matériels.

Même au sein de l'Union européenne, pourtant symbole du libre-échange et de la libre circulation, les États ont suspendu Schengen, rétabli les postes frontières, exigé attestations et justificatifs pour franchir quelques kilomètres. Le monde s'est figé, sidéré. Et chacun a pu constater que l'ouverture n'était pas un acquis, mais un choix politique réversible.

Cet électrochoc a changé les mentalités. Pour la première fois depuis des décennies, les citoyens, les entreprises, les États ont vu de leurs propres yeux qu'un monde fermé n'était pas une hypothèse de science-fiction. C'était une réalité possible, brutale, immédiate.

Un monde sous tension

Mais le Covid n'a pas été un simple accident de parcours. Il a été le révélateur d'un monde déjà en tension, dont les lignes de fracture n'ont fait que s'approfondir depuis.

En 2022, la Russie, puissance nucléaire et membre permanent du Conseil de sécurité de l'ONU, a lancé une guerre totale contre l'Ukraine – un pays frontalier de l'Union européenne. C'était la première fois depuis 1945 qu'un conflit de cette ampleur éclatait sur le sol européen, entre États constitués. Et là encore, les conséquences ont été immédiates : coupures d'approvisionnement, explosion des prix de l'énergie, fermeture de l'espace aérien, sanctions économiques massives, blocage de certaines exportations alimentaires.

Dans ce climat, les nationalismes ont resurgi avec force : en Russie, en Chine, en Inde, aux États-Unis, mais aussi en Europe. Partout, la tentation du repli, de la préférence nationale, du retour à une forme de souveraineté économique refait surface.

**Les États-Unis, Trump et la Chine :
naissance d'une guerre commerciale**

Dès 2016, avec l'élection de Donald Trump, les États-Unis ont amorcé un tournant protectionniste majeur. Le président américain a placé la Chine au cœur de son discours politique, non pas comme un rival stratégique classique, mais comme un ennemi économique intérieur : celui qui vole les emplois américains en inondant le marché de produits à bas coût.

C'est dans ce contexte qu'ont été mis en place les droits de douane massifs sur les importations chinoises, à hauteur de plus de 360 milliards de dollars. Cette mesure, présentée comme une protection de l'industrie nationale, s'est avérée profondément populiste, électoraliste et économiquement contestée. L'objectif affiché était de réduire le déficit commercial américain, mais ce dernier n'a pas réellement diminué, et les conséquences ont été lourdes : hausse des prix, tensions diplomatiques, chaînes d'approvisionnement perturbées.

Le phénomène ne s'est pas arrêté là. Sous la pression de l'opinion publique, et face à une mondialisation perçue comme déstabilisatrice, l'administration Biden n'a pas annulé ces mesures, mais les a prolongées. En Europe aussi, des voix s'élèvent pour taxer certains produits stratégiques, comme les batteries, les voitures électriques ou les semi-conducteurs. La guerre commerciale est devenue structurelle.

Vers un monde de blocs, de murs, de douanes

Ce que nous vivons aujourd'hui n'est pas une simple série d'événements isolés, mais un basculement d'époque. Après trois décennies de libre-échange globalisé, nous entrons dans une ère de fragmentation, de régionalisation, de tensions durables entre blocs économiques et stratégiques.

Le retour des droits de douane n'est que la manifestation visible d'un phénomène plus profond : celui d'un monde qui se referme, qui se protège, qui se méfie. Un monde où les frontières économiques redeviennent des instruments de pouvoir, où les monnaies sont des armes, et où le commerce devient un champ de bataille géopolitique.

Pourquoi ce livre ?

Ce livre n'est pas un traité technique sur les régimes douaniers ou les subtilités juridiques de l'OMC. C'est une lecture géopolitique, économique et financière de ce qui se joue derrière les murs tarifaires. Pourquoi un pays décide-t-il de taxer ? Quelles sont les conséquences sur l'inflation, le commerce mondial, les taux de change, l'or, la Bourse ? Et surtout, qu'est-ce que cela dit du monde qui vient ?

Il ne s'agit pas d'un retour au protectionnisme classique, ni d'un caprice électoral. Il s'agit d'un tournant historique. Et pour comprendre la suite, il faut analyser les signaux faibles d'aujourd'hui.

Bienvenue dans la guerre des droits de douane.

Bienvenue dans un monde qui se ferme.

PREMIÈRE PARTIE

TOUT SAVOIR SUR LA GUERRE COMMERCIALE

CHAPITRE I

Comprendre les droits de douane

À première vue, les droits de douane évoquent des souvenirs d'école un peu poussiéreux, des manuels d'économie ou de droit commercial, et une technicité rebutante. Le terme paraît sec, administratif, presque hors-sol. Il sent l'alinéa juridique, les procédures fiscales, les accords commerciaux internationaux. Bref, rien de très vivant.

Et pourtant. Depuis quelques années, ce mot discret est devenu une pièce maîtresse du théâtre mondial. Les droits de douane sont revenus sur le devant de la scène comme des outils de pouvoir, des leviers de souveraineté, et parfois des catalyseurs de conflits économiques et diplomatiques.

Il est donc temps de regarder de plus près ce que signifie cette notion, qui décide de l'appliquer, dans quelles circonstances, et pourquoi elle fait à nouveau trembler le monde.

Que sont les droits de douane ?

Un droit de douane est une **taxe imposée par un État sur des produits importés** (et parfois, dans certains cas, exportés). Il s'agit d'un prélèvement à la frontière, au moment où un bien pénètre sur le territoire national.

Prenons un exemple simple : une entreprise espagnole produit des chaussures et les vend à des distributeurs français. Si la France applique un droit de douane de 10 %, alors à chaque paire de chaussures qui entre sur le sol français, une taxe équivalente à 10 % de sa valeur est prélevée par l'État.

Il existe deux grands types de droits de douane :

- **Ad valorem** : un pourcentage du prix du bien (ex. : 20 % de droits sur une voiture de 30 000 € = 6 000 € de taxe).

- **Spécifiques** : un montant fixe par unité (ex. : 50 centimes par litre de carburant ou par paquet de cigarettes).

Qui décide ?

Les droits de douane sont décidés par l'État ou par un ensemble supranational. Dans l'Union européenne, c'est la Commission européenne qui fixe le tarif douanier commun vis-à-vis des pays tiers. À l'intérieur de l'UE, il n'y a plus de droits de douane entre États membres, mais cela ne veut pas dire que la frontière n'existe plus du tout.

Les États gardent des marges de manœuvre, notamment en matière de fiscalité indirecte, de quotas, ou de règles de circulation.

Un exemple quotidien :
les cigarettes entre la France et l'Espagne

Un cas emblématique : les cigarettes achetées à la frontière entre la France et l'Espagne, dans les Pyrénées. En Espagne, un paquet coûte environ 5 € ; en France, il dépasse souvent les 11 €. Résultat : des milliers de Français traversent régulièrement la frontière pour acheter du tabac à prix réduit.

Or, même si l'on circule librement dans l'espace Schengen, il existe des seuils au-delà desquels l'administration française considère qu'il s'agit de « trafic » ou de « contournement fiscal ». En d'autres termes, il ne s'agit pas de droits de douane formels, mais de mécanismes qui en reprennent la logique : limiter un flux de biens venus d'un autre pays pour des raisons fiscales, sanitaires ou économiques.

Dans ce cas, ce n'est pas une taxe à la frontière, mais la possibilité de saisie ou de verbalisation a posteriori, si le volume dépasse le seuil autorisé (200 cigarettes par personne en général).

Cette frontière discrète mais bien réelle montre que même dans une Europe théoriquement unie, les logiques de souveraineté économique persistent.

Un outil de souveraineté, voire de nationalisme ?

Derrière leur aspect technique, les droits de douane posent une question politique majeure : un État a-t-il le droit – ou le devoir – de protéger son économie ? En décidant de taxer un produit étranger, il choisit de favoriser sa production nationale ou régionale, au détriment des producteurs étrangers – et donc, en général, du prix pour le consommateur.

C'est un arbitrage : préserver l'emploi local ou préserver le pouvoir d'achat ?

Or, dans un monde où les inégalités augmentent, où les colères sociales explosent, où les populations se sentent dépossédées, le réflexe de protection revient en force. Les droits de douane deviennent alors des symboles de souveraineté retrouvée, de reprise en main des leviers économiques.

C'est précisément dans ce contexte que Donald Trump a déclaré : « *Les droits de douane, c'est magique.* »

Trump et la magie des murs économiques

Avec cette formule provocatrice, Trump résumait la vision populiste du protectionnisme : une mesure simple, visible, perçue comme juste par une partie de l'opinion. Selon lui, taxer les produits chinois permettrait à la fois de freiner les importations bon marché, de rééquilibrer la balance commerciale américaine et surtout, de relancer l'emploi industriel local.

Mais la réalité est bien plus complexe : les droits de douane provoquent des effets en chaîne dans l'économie mondiale. Ils modifient les prix, les chaînes logistiques, les taux de change, les choix d'investissement, et les relations diplomatiques.

Ils sont à la fois symbole de repli et instrument de guerre commerciale. Et c'est précisément ce que ce livre va chercher à décrypter : comment une taxe à la frontière peut bouleverser l'ordre du monde.

CHAPITRE II

Les effets économiques immédiats : quand la frontière se paie

Lorsqu'un État instaure un droit de douane, l'objectif affiché semble simple : protéger une industrie nationale en rendant les produits étrangers plus chers. Derrière cette logique, une promesse politique : soutenir l'emploi local, stimuler la production intérieure et réduire la dépendance aux importations.

Mais dans la réalité, les effets de ces mesures sont souvent immédiats, parfois brutaux, et surtout loin d'être maîtrisés. Car chaque taxe imposée à l'entrée du territoire agit comme un choc sur toute la chaîne économique : elle modifie les prix, les circuits d'approvisionnement, les comportements d'achat, les stratégies d'investissement.

Et dans certains cas, comme celui des lave-linges aux États-Unis, les résultats sont presque l'inverse de ceux escomptés.

Comment une taxe peut tout dérégler : les lave-linges sous Trump

En janvier 2018, l'administration Trump décide d'instaurer un droit de douane spécifique sur les lave-linges importés, visant directement les géants coréens Samsung et LG, accusés de « dumping » (vente à perte) sur le marché américain.

La logique affichée est claire : protéger Whirlpool, dernier grand fabricant américain de lave-linges, en taxant les importations bon marché qui inondent le marché intérieur.

Les mesures sont immédiates et musclées : un tarif douanier de 20 % sur les 1,2 million de premières unités importées, puis 50 % au-delà. Une riposte tarifaire spectaculaire, qui se veut exemplaire.

Les résultats ne se font pas attendre. En six mois, selon les données du Bureau of Labor Statistics, le prix moyen des lave-linges augmente de 20 % aux États-Unis. Et avec lui, celui des sèche-linges, qui pourtant ne sont pas concernés par les droits de douane. Pourquoi cette hausse parallèle ? Parce que lave-linge et sèche-linge sont souvent vendus ensemble, et que les distributeurs en ont profité pour augmenter leurs marges sur le second produit.

En réalité, l'ensemble du segment électroménager est perturbé : les prix montent, les ventes ralentissent, les consommateurs différencient leurs achats ou se tournent vers des modèles moins performants.

Une étude de l'université de Chicago a estimé que le coût total pour les consommateurs s'élevait à 1,5 milliard de dollars en un an, pour environ 3 000 emplois protégés dans le secteur. Soit 500 000 dollars par emploi « sauvé », une rentabilité sociale très discutable.

**Un double choc économique :
sur l'offre comme sur la demande**

Ce que révèle cet exemple, c'est que le droit de douane agit simultanément comme un choc négatif sur l'offre et sur la demande.

- Du côté de l'offre, l'importation devient plus coûteuse, ce qui réduit la quantité de produits disponibles, ou oblige les entreprises à réorganiser leur chaîne d'approvisionnement. Cela engendre des retards, des ruptures de stock, voire des pertes de qualité.

- Du côté de la demande, les prix plus élevés dissuadent les ménages d'acheter. On diffère l'achat, on renonce à un appareil, on privilégie un produit de gamme inférieure. En bout de chaîne, la consommation globale baisse, surtout pour les classes moyennes et populaires.

Ce double effet – baisse de l'offre + baisse de la demande – aboutit mécaniquement à une inflation stérile : les prix montent, mais sans que l'économie réelle ne soit dynamisée. On paie plus, pour moins, et l'effet est socialement régressif.

Effets de bord sur la chaîne de production

Contrairement à une vision simpliste, les droits de douane ne touchent pas que les importations de produits finis. Ils désorganisent aussi les flux de composants, de matières premières et de sous-ensembles.

Dans le cas des lave-linges, Samsung a réagi en construisant une usine d'assemblage en Caroline du Sud, afin d'échapper à la taxe. Mais cette usine utilise des pièces venues de Corée, qui ne sont pas produites localement. Résultat : le produit est « made in USA », mais sans réelle relocalisation de la chaîne de valeur. L'investissement est en grande partie logistique, non industriel.

Ce genre de contournement tactique vide la taxe de son sens économique initial, tout en maintenant des prix élevés.

Des emplois protégés… mais ailleurs fragilisés

L'autre effet pervers du droit de douane, c'est qu'en protégeant un secteur, on en affaiblit d'autres. Lorsque Trump impose en 2018 des droits de douane sur l'acier (25 %) et l'aluminium (10 %), il entend soutenir les producteurs américains. Mais très vite, les industries utilisatrices (automobile, construction, électroménager, emballage…) voient leurs coûts de production s'envoler.

Certaines réduisent la voilure. D'autres ferment des unités. Selon la Réserve fédérale américaine, les droits de douane instaurés entre 2018 et 2019 ont provoqué une destruction nette de 75 000 emplois dans l'industrie, malgré les intentions protectionnistes.

Les consommateurs, grands perdants silencieux

Les droits de douane affectent inévitablement le pouvoir d'achat. En renchérissant certains produits importés (textile, électronique, pièces détachées…), ils réduisent le choix, freinent l'accès à certaines technologies, et accentuent les inégalités. Ceux qui peuvent payer, continueront d'acheter ; les autres devront s'adapter, parfois au détriment de leur confort ou de leur sécurité (automobiles anciennes, appareils électroménagers vétustes, etc.).

Le coût social de la taxe est donc bien plus large que son champ d'application immédiat.

Une illusion de contrôle

L'exemple des lave-linges est révélateur : ce qui semble une mesure de bon sens – protéger une industrie en difficulté – peut se transformer en coût généralisé, efficacité douteuse et effets pervers en cascade.

Certes, les droits de douane redonnent à l'État un levier symbolique, une capacité à dire « non », à reprendre la main sur ses flux commerciaux. Mais sans vision industrielle, politique d'investissement, ou formation des compétences, ce levier reste court-termiste.

Et à l'heure des chaînes de valeur mondiales, fermer une frontière économique, c'est souvent perturber des dizaines d'autres flux invisibles. D'où cette formule ironique de certains économistes : le protectionnisme, c'est comme essayer de réparer une montre suisse avec un marteau.

Annexe I – Les effets économiques d'un droit de douane – Cas des lave-linges (États-Unis, 2018)

Variable impactée	Effet observé	Chiffre ou donnée	Commentaires
Type de droit de douane	Spécifique (progressif sur le volume)	20 % sur 1,2 million d'unités, puis 50 % au-delà	Vise Samsung et LG, protection de Whirlpool
Prix moyen du lave-linge	Augmentation significative	+20 % en 6 mois	Répercussion immédiate de la taxe sur le consommateur
Prix moyen du sèche-linge (non taxé)	Augmentation par effet d'aubaine	+17 %	Le consommateur paie plus, même sans taxation directe
Coût global pour les consommateurs	Choc négatif sur la demande	1,5 milliard de dollars	Inflation sans amélioration de l'offre
Emplois protégés dans le secteur	Gain symbolique mais coûteux	Environ **3 000** emplois	Soit **500 000 $ par emploi** en coût implicite pour la collectivité
Offre disponible	Diminution ou substitution logistique coûteuse	Délocalisation d'assemblage en Caroline du Sud par Samsung	Usine construite pour contourner la taxe, mais dépendante des pièces importées
Demande des ménages	Repli ou ajustement	Moins d'achats, report, produits de moindre qualité	Impact plus fort sur les classes populaires
Bilan économique global	Double choc : offre et demande en recul	**Inflation + faible création d'emplois + perturbations logistiques**	Mesure politiquement lisible, mais économiquement peu efficiente

Annexe II – Schéma récapitulatif

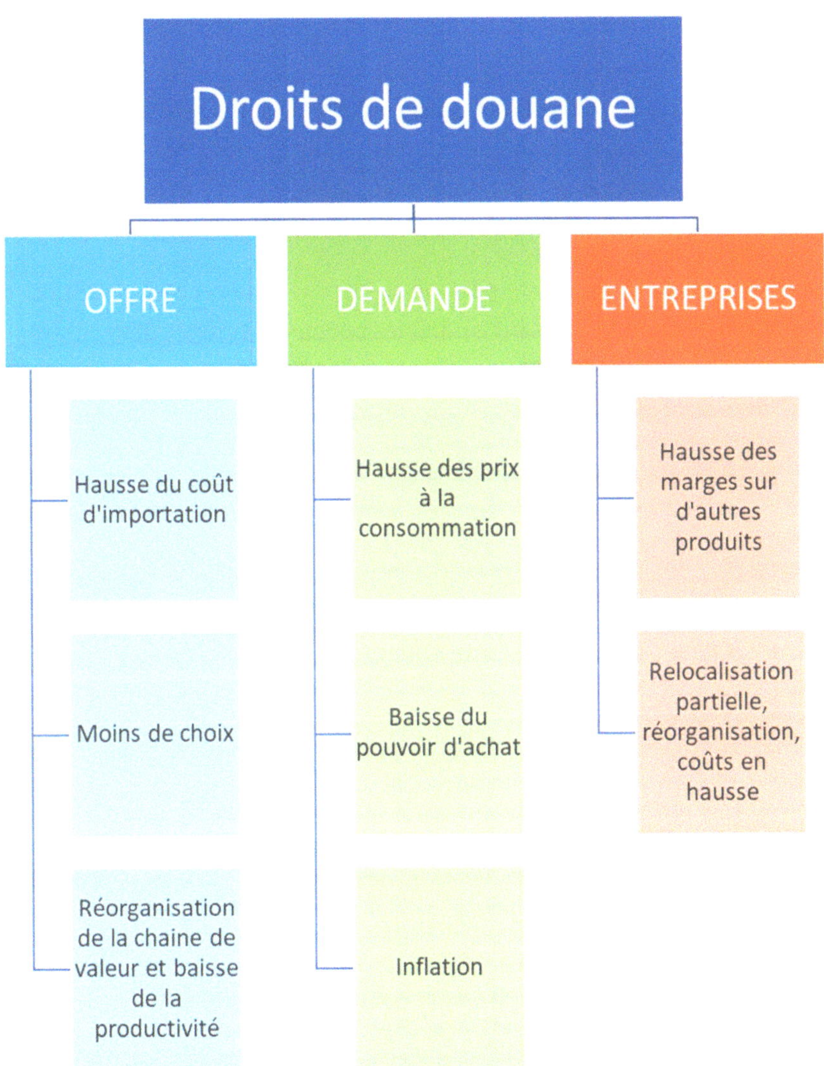

CHAPITRE III

Avril 2025 : la secousse Trump

Le 2 avril 2025, le président américain Donald Trump, réélu quelques mois plus tôt, a annoncé une décision aussi simple dans sa formulation que radicale dans ses effets : désormais, tous les pays exportant vers les États-Unis seront soumis à des droits de douane d'au moins 10 %.

Dans le détail, ces droits de douane se déclinent selon une gradation géopolitique assumée, visant à punir les concurrents jugés déloyaux et à protéger les intérêts industriels américains. Les principales annonces du 2 avril sont les suivantes :

- Europe : droits de douane portés à 20 %, avec une taxation spécifique à 25 % sur les véhicules automobiles, ciblant particulièrement BMW et Mercedes, très présents sur le marché américain.

- Chine : 34 % de droits de douane sur l'ensemble des produits.

- Vietnam : 46 %.

- Suisse : 31 %.

Cette décision ne laisse aucune puissance commerciale indemne. Elle marque une rupture profonde avec les principes du libre-échange défendus, en façade, par l'OMC. Pour la première fois depuis des décennies, les États-Unis s'engagent dans une stratégie tarifaire universelle et conflictuelle, déclenchant un séisme planétaire.

Un choc immédiat pour les entreprises… américaines

L'objectif affiché est limpide : forcer les entreprises à relocaliser, réduire la dépendance aux importations, et ainsi restaurer l'emploi industriel sur le sol américain.

Mais cette stratégie se retourne très vite contre ses propres promoteurs.

Prenons l'exemple d'Apple. Bien que son siège et sa valeur ajoutée soient américains, la majorité de la production de ses iPhones est réalisée en Chine, du composant à l'assemblage. Cette organisation repose sur ce que l'on appelle une « ***chaîne de valeur mondiale*** » : un modèle où chaque étape de la conception, de la fabrication et de l'assemblage d'un produit est effectuée dans le pays ou la région la plus compétitive pour cette tâche. Ainsi, les composants électroniques peuvent être produits en Corée du Sud, les écrans au Japon, les assemblages finaux en Chine, avant que le produit fini ne soit exporté vers les États-Unis.

Avec un droit de douane de 34 %, chaque produit réimporté aux États-Unis voit son coût exploser. L'alternative serait de relocaliser – mais cela impliquerait des coûts salariaux bien supérieurs, une refonte complète de la chaîne de production, la reconstruction de compétences industrielles partiellement perdues, et une montée en prix inévitable pour le consommateur américain. Cela signifierait, à court terme, des iPhones beaucoup plus chers, et à long terme, une perte de compétitivité pour Apple face à des concurrents asiatiques non soumis aux mêmes contraintes.

Le même mécanisme s'observe dans l'automobile : BMW et Mercedes vendent plus de 300 000 véhicules par an aux États-Unis, dont une large part est importée d'Allemagne. Une taxe de 25 % rend ces véhicules nettement moins compétitifs, ce qui pourrait pénaliser les concessionnaires américains eux-mêmes, sans garantir que les acheteurs se tournent vers une offre nationale.

Le krach boursier de début avril : choc de confiance

Dès le lendemain de l'annonce, le 3 avril 2025, les marchés financiers mondiaux ont réagi par une panique généralisée. À New York, le Dow Jones chute de 6,5 %, le Nasdaq perd plus de 7 %, entraînant les Bourses européennes et asiatiques dans sa spirale. Le Nasdaq avait commencé à baisser avant les annonces, car les marchés boursiers anticipent les choses. En général, on dit qu'ils « achètent la rumeur et vendent la nouvelle » : ils anticipent et, une fois la nouvelle annoncée, effacent leur mouvement. Mais dans ce cas, au contraire, le mouvement de baisse n'a fait que s'accentuer. Entre son plus haut de fin mars et son plus bas du 8 avril, le Nasdaq a perdu 20 %. Ensuite, une fois que Trump s'est montré prêt à négocier, le Nasdaq a rebondi.

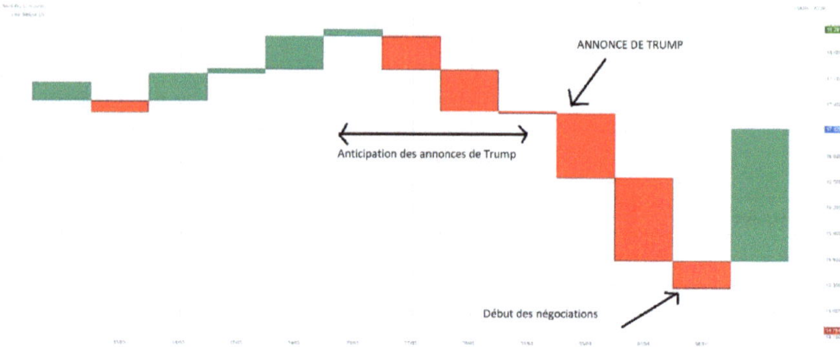

Cette fois, la réaction a été plus profonde qu'un simple accès de nervosité : la confiance des investisseurs dans la stabilité des échanges mondiaux a été sérieusement entamée. L'idée même que les États-Unis puissent imposer unilatéralement de telles barrières – sans concertation, sans phase transitoire – fait voler en éclats les fondements d'un ordre commercial déjà fragilisé.

Et surtout, les grandes multinationales cotées aux États-Unis sont directement concernées, car elles dépendent elles-mêmes d'importations pour produire, assembler ou vendre. Le protectionnisme frappe le cœur du capitalisme américain.

Et Tesla, qui a été une star du Nasdaq pendant des années, de manière complètement abusée, injustifiée et fantasmée, a vu son titre s'effondrer. Idem pour Apple (dont la valorisation stratosphérique était initialement plus justifiée que pour Tesla). Mais Apple étant très sensible à la problématique, vue la mondialisation de sa chaîne de valeur, le titre s'est effondré à l'annonce de Trump, mais le marché avait commencé à se montrer vendeur bien avant : depuis le début d'année, depuis le moment, en fait, où Trump n'a plus été perçu comme un bluffeur :

Le retournement monétaire : la chute du dollar

À la différence de ce qui avait été observé lors de précédents chocs mondiaux, le dollar n'a pas monté en avril 2025. Il a chuté. Et de manière spectaculaire.

En l'espace de deux semaines, l'euro-dollar est passé de 1,04 à 1,12, soit une baisse de près de 8 % du dollar face à l'euro, dans un mouvement aussi rapide que brutal. Ce retournement contredit la logique habituelle de « fuite vers la sécurité », qui fait du dollar un refuge en cas de crise mondiale.

Comment expliquer cette inversion inattendue ?

1. Perte de confiance dans la stabilité américaine : les marchés ont cessé de voir les États-Unis comme un pôle de stabilité. Les décisions de Trump sont perçues non comme un « rééquilibrage », mais comme une rupture violente avec l'ordre économique mondial.

2. Fuite des capitaux privés : les investisseurs internationaux, mais aussi certains fonds américains, ont commencé à désinvestir massivement, entraînant une pression baissière sur le billet vert.

3. Anticipation d'un ralentissement économique : le protection-nisme affiché, couplé à la baisse attendue de la consommation

et des échanges, alimente le risque de récession. Les antici-
pations de hausse des taux par la Fed s'effondrent.

4. Remontée relative de l'euro : non pas par enthousiasme pour
   l'Europe, mais par effet de contraste : l'euro bénéficie d'un
   simple différentiel de risques perçus.

Un mouvement de court terme… qui pourrait se retourner

Cependant, cette dynamique pourrait s'inverser à moyen ou long
terme, si la situation protectionniste devait perdurer. En effet, les
droits de douane risquent d'engendrer une inflation persistante, en
renchérissant le prix des importations.

Si cette inflation devient structurelle, la Réserve fédérale sera contrainte
de relever ses taux d'intérêt pour la contenir. Ce durcissement
monétaire attirerait de nouveau les capitaux internationaux, et le dollar
se renforcerait alors mécaniquement.

Autrement dit, le dollar pourrait baisser à court terme, mais monter à
long terme, si les tensions commerciales deviennent un nouvel état du
monde plutôt qu'un épisode transitoire.

Une onde de choc mondiale, ambivalente pour l'Europe

Le monde entier est touché par cette décision américaine. Chaque pays,
chaque entreprise, chaque place financière tente d'évaluer les pertes
potentielles, les délocalisations nécessaires, ou les redéploiements
stratégiques à envisager.

L'Europe, lourdement ciblée, voit ses exportateurs automobiles et
industriels immédiatement fragilisés. La Chine entre dans une posture
de confrontation, tout en cherchant à renforcer ses positions en Afrique,
en Asie et en Europe. Le Vietnam, en pleine montée industrielle, voit sa
dynamique stoppée net.

Cette baisse du dollar a des effets ambigus pour les pays européens :

- D'un côté, un euro plus fort signifie un renforcement du pouvoir d'achat sur les importations, notamment en énergie et en produits technologiques.

- Mais de l'autre, cela fragilise la compétitivité des exportateurs européens, déjà touchés par les nouveaux droits de douane.

Les petits sont les plus vulnérables : quand une taxe peut tuer un pays

Les véritables perdants de cette guerre tarifaire sont les petits pays à faible PIB, dépendants des exportations vers les États-Unis. Pour ces économies fragiles, une barrière douanière peut devenir l'équivalent d'un étranglement économique, voire d'une mise à genoux géopolitique.

Le Sri Lanka en est l'exemple le plus frappant.

Le 2 avril 2025, les États-Unis annoncent une taxe de 44 % sur tous les produits en provenance de l'île, avant de la suspendre temporairement pour trois mois, sous pression diplomatique.

Le marché américain représente à lui seul près d'un quart des exportations annuelles du Sri Lanka, soit environ 3 milliards de dollars sur 12. Et cette relation est largement déséquilibrée : la balance commerciale bilatérale est excédentaire pour le Sri Lanka.

Or le pays sort à peine d'une crise financière sans précédent, qui a conduit en 2022 à un défaut de paiement, des émeutes massives et la chute du président. L'aide du FMI en 2023 (2,9 milliards de dollars) a permis un fragile retour à la croissance (+5 % en 2024), mais le FMI lui-même s'inquiète à nouveau.

Une perte prolongée de l'accès au marché américain pourrait raviver les tensions internes, délégitimer le nouveau gouvernement, et provoquer un effondrement institutionnel. Dans un scénario extrême, des micro-États affaiblis pourraient devenir des protectorats officieux ou basculer dans le chaos.

Ce que révèle le cas sri-lankais, c'est que les droits de douane peuvent devenir des armes géopolitiques silencieuses, d'autant plus dévastatrices qu'elles se passent de bombes ou de chars.

Et pendant ce temps, les marchés financiers mondiaux tanguent, les investisseurs attendent des clarifications, et les premières négociations commencent à s'esquisser en coulisses.

Conclusion : l'ordre mondial suspendu à des taxes

Ce 2 avril 2025, l'économie mondiale a changé de visage. En brandissant l'arme des droits de douane non pas comme outil ciblé, mais comme doctrine générale, Donald Trump a déclenché une crise systémique du commerce international.

La réaction immédiate fut une panique boursière, une reconfiguration stratégique accélérée, et une chute du dollar, révélatrice d'un monde où puissance ne rime plus avec stabilité.

La suite ? Pour l'instant, elle se joue dans les salons feutrés de la diplomatie économique, où chaque État tente de négocier sa survie, sa marge de manœuvre ou son exception tarifaire.

Mais cela, ce sera l'objet du chapitre suivant.

CHAPITRE IV

Le duel des géants :
Guerre commerciale ou guerre d'égos ?

À peine quelques jours après l'annonce du 2 avril, une grande partie des puissances économiques mondiales se sont précipitées pour entamer des discussions avec Washington. La brutalité du choc tarifaire n'a laissé personne indifférent. L'Europe, le Canada, le Mexique, la Corée du Sud, le Japon... tous cherchent à sauver ce qui peut l'être : obtenir des exemptions, négocier des aménagements, limiter l'impact sur les secteurs stratégiques.

L'Europe prudente, la Chine choisit l'escalade

L'Union européenne, particulièrement visée avec des droits de douane portés à 20 % sur la plupart des produits et 25 % sur les automobiles, adopte une stratégie de négociation prudente. Berlin, Paris et Bruxelles affirment vouloir éviter l'escalade, tout en préparant discrètement des contre-mesures si les discussions échouent. Les constructeurs allemands tirent la sonnette d'alarme ; les fédérations industrielles plaident pour une réponse coordonnée mais mesurée.

L'ambiance est à la fébrilité, au réalisme, mais aussi à la peur : celle de voir le système d'échanges mondiaux basculer dans l'inconnu.

Mais un acteur fait exception : la Chine refuse de négocier. Pire encore : elle répond par une surenchère immédiate. Le 12 avril, Pékin annonce un relèvement de ses droits de douane à 125 % sur tous les produits américains. C'est une riposte frontale à la surtaxe de 145 % décidée quelques jours plus tôt par Washington sur les produits chinois.

Il ne s'agit plus de défendre des intérêts commerciaux : la confrontation devient symbolique et personnelle. Donald Trump se vante sur Truth

Social que sa « politique de droits de douane fonctionne vraiment bien » et que c'est « excitant pour l'Amérique et le monde ». Xi Jinping, lors d'une rencontre avec Pedro Sanchez, appelle publiquement l'Union européenne à « résister ensemble » à la « coercition » américaine.

Chacun refuse de plier. Chacun veut imposer sa narration. Le commerce mondial devient l'arène d'une lutte d'influence entre deux chefs d'État à l'ego surdimensionné.

Trump contre Xi : la dérive des régimes présidentiels purs

Ce bras de fer n'est pas seulement économique. Il révèle la **nature profonde des régimes politiques qui l'orchestrent.**

Les États-Unis sont souvent présentés comme une démocratie pluraliste et équilibrée. Pourtant, sur le plan institutionnel, ils fonctionnent selon un **régime présidentiel pur**, au sens le plus strict du terme. Le président américain détient à la fois le pouvoir exécutif suprême et, en matière de politique étrangère et commerciale, une large autonomie d'action. Il peut imposer des tarifs douaniers, suspendre des accords commerciaux, ou déclencher des sanctions sans vote du Congrès, en s'appuyant sur des instruments comme le *Trade Expansion Act* ou des ordres exécutifs.

La concentration du pouvoir est donc massive. Ce que Trump fait en 2025 n'a rien d'illégal : c'est le système qui le permet. Et lorsqu'un président élu par une base populiste fait des droits de douane un outil de pouvoir personnel, l'économie mondiale devient une extension de sa volonté politique.

Du côté chinois, la situation est encore plus verticale. Xi Jinping concentre tous les leviers de décision : chef de l'État, du Parti, de l'armée, il ne relève d'aucun contre-pouvoir effectif. Depuis la suppression de la limite des mandats en 2018, Xi incarne un pouvoir centralisé sans équivalent contemporain.

Et pourtant, la logique est la même que chez Trump : l'absence de contrepoids permet l'escalade. Il n'existe ni congrès libre pour voter une résolution, ni presse indépendante pour alerter l'opinion, ni société civile structurée pour imposer une désescalade. La stratégie commerciale devient un bras de fer identitaire entre deux figures totales.

Lorsque deux dirigeants incarnent à eux seuls l'architecture décisionnelle de leur pays, la rationalité économique est subordonnée à la mise en scène de la puissance. La guerre des droits de douane devient une guerre d'égos institutionnalisée.

Un duel qui menace tout le monde, y compris leurs propres peuples

Ce qui se joue actuellement entre Washington et Pékin dépasse de loin la simple question des droits de douane. C'est une guerre froide à visage économique, une confrontation silencieuse mais structurante, où chaque camp s'affronte sans le dire, à coups de taxes, de restrictions, de rétorsions. L'arène n'est plus celle des idéologies, mais celle du commerce mondial, des normes techniques, des chaînes logistiques. C'est là, dans ces rouages apparemment techniques, que se rejoue la lutte pour la suprématie.

Le monde entier assiste, impuissant, à ce face-à-face titanesque. Les États-Unis, portés par un président qui fait du protectionnisme un étendard, entendent réaffirmer leur souveraineté économique. La Chine, de son côté, répond coup pour coup, cherchant à démontrer qu'elle ne pliera pas, qu'elle est une puissance à égalité, voire supérieure. Derrière le rideau des mesures tarifaires, c'est un bras de fer civilisationnel qui s'installe, une volonté partagée de remodeler l'ordre mondial selon ses propres règles.

Mais ce duel d'hyperpuissances se paie cher. Les chaînes de valeur mondiales, ces systèmes sophistiqués de production délocalisée, se brisent les unes après les autres. Le commerce international ralentit brutalement, pris en étau entre la défiance et la dissuasion. Les marchés financiers tanguent sous l'effet de l'incertitude permanente. Quant aux pays émergents, ils se retrouvent piégés entre deux pôles qui les somment de choisir un camp, tout en leur fermant progressivement les portes.

Sur le plan intérieur aussi, les dégâts sont réels. Le consommateur américain voit les prix grimper, affecté par le surcoût des importations. Le producteur chinois, lui, perd des parts de marché et doit repenser ses débouchés. Mais au sommet, rien ne semble freiner la surenchère. Trump accuse, Xi répond. L'un promet de nouvelles taxes, l'autre menace de nouvelles restrictions. À chaque provocation, une réponse. À chaque posture, une escalade.

Ce qui devait être un bras de levier économique devient une spirale géopolitique. La stratégie cède peu à peu la place à l'orgueil. La guerre commerciale n'est plus un moyen d'obtenir un avantage : elle devient une fin en soi, un outil d'affirmation de puissance, un théâtre où les nations se mesurent à travers leurs leaders. Et dans ce théâtre d'ombres, les peuples ne sont plus que des spectateurs… ou des dommages collatéraux.

L'Europe prise entre deux feux

L'Union européenne, quant à elle, tente de se positionner en arbitre. Elle ouvre des négociations bilatérales avec Washington. En parallèle, elle reçoit des signaux de Pékin pour constituer un front commun contre la politique douanière américaine. Le sommet UE-Chine prévu en juillet 2025 devient un enjeu diplomatique majeur, mais aussi une ligne de crête.

Car l'Europe n'a pas les moyens de jouer seule contre les deux géants. Sa stratégie consiste donc à gagner du temps, à éviter de prendre parti trop tôt, tout en préparant ses défenses commerciales et en consolidant ses alliances secondaires (Inde, ASEAN, Amérique latine).

Mais l'Europe est aussi traversée par une contradiction fondamentale : sa capacité de réaction dépend d'institutions technocratiques lentes, incapables de parler d'une seule voix quand l'urgence frappe.

La Commission européenne peut formuler des propositions, mais chaque État membre a sa propre sensibilité, ses propres intérêts, et parfois, ses propres accords bilatéraux avec Washington ou Pékin. L'unité est difficile à forger.

La question est désormais cruciale : l'Europe sera-t-elle prisonnière, une fois de plus, de sa technocratie, ou bien parviendra-t-elle à émerger comme une véritable puissance économique, capable d'imposer ses conditions, de protéger ses filières stratégiques, et d'affirmer un leadership sur la scène mondiale ?

Le paradoxe est que l'Union parle de plus en plus de devenir une puissance militaire, notamment depuis l'agression russe en Ukraine. Mais ce moment de bascule stratégique ne peut exister que si l'Europe devient d'abord une puissance économique souveraine. Or, l'épreuve tarifaire que lui impose Donald Trump est le test parfait.

Ce sera l'objet du prochain chapitre.

CHAPITRE V

Une fois de plus, l'Europe au pied du mur

Si l'on avait demandé en 2019 à des analystes de parier sur l'avenir de l'Union européenne, peu auraient misé sur sa survie à moyen terme. Les failles étaient béantes : la crise financière de 2008 avait révélé une coordination économique insuffisante, voire dysfonctionnelle. La crise grecque de 2011 avait exposé les fractures internes entre le nord et le sud du continent, transformant l'Union en ring idéologique. Et le Brexit, voté en 2016, semblait inaugurer une ère de délitement politique, où la sortie du projet européen devenait une option crédible pour plusieurs nations.

Ajoutons à cela une technocratie étouffante, souvent perçue comme déconnectée des réalités populaires, et l'Europe ressemblait davantage à un empire administratif en perte de légitimité qu'à une puissance en devenir.

Et pourtant, l'Histoire, comme souvent, avance à coups de crises. Et ces mêmes crises, si elles n'ont pas renforcé la légitimité émotionnelle de l'Union auprès de ses citoyens, ont en revanche poussé les États membres à se coordonner, par nécessité vitale.

Trois chocs qui forcent la mutation européenne

Depuis 2020, trois événements majeurs ont brutalement replacé la construction européenne au centre du jeu mondial :

1. **La pandémie de Covid-19** a démontré les limites des souverainetés nationales face aux chocs sanitaires globaux. D'abord désunis, les pays européens ont fini par mettre en place un plan de relance coordonné, une mutualisation partielle de la dette (Next Generation EU), et une stratégie

vaccinale commune. C'était la première fois que l'Union agissait comme un acteur économique global en tant que tel.

2. **La guerre en Ukraine**, déclenchée en 2022, a rappelé aux Européens qu'ils ne vivaient pas dans une « fin de l'histoire ». Cette agression directe contre un voisin immédiat a réactivé les débats sur la défense commune, la montée en puissance d'un « pilier européen de l'OTAN », et même le parapluie nucléaire français, désormais brandi comme solution potentielle face à une Amérique moins fiable.

3. **La guerre commerciale de 2025**, provoquée par les décisions unilatérales de Donald Trump, agit comme un troisième électrochoc. Cette fois, il ne s'agit plus de santé publique ou de sécurité territoriale, mais d'économie pure : l'Europe se découvre vulnérable face à un allié historique devenu imprévisible. Trump négocie avec brutalité. Et surtout, il cherche à diviser pour mieux régner, multipliant les contacts bilatéraux avec les pays européens dans l'objectif implicite d'éclater le front commun de l'UE.

L'enjeu vital : l'unité économique… condition de la souveraineté militaire

Le paradoxe est frappant : si l'Europe veut exister militairement, elle doit d'abord se constituer comme puissance économique autonome. Or, c'est précisément cette autonomie qui est aujourd'hui mise à l'épreuve.

Face aux surtaxes américaines, l'Europe doit parler d'une seule voix, négocier globalement, défendre ses secteurs stratégiques comme un tout. Sinon, chaque pays – soumis à la pression américaine – risque de signer des accords isolés, créant une Europe à géométrie variable, désunie, faible, exposée.

Et si l'Europe échoue à s'imposer comme un acteur économique unifié, elle échouera nécessairement à devenir une puissance militaire crédible.

Car une armée commune suppose :

- Des budgets coordonnés.

- Une stratégie industrielle concertée.

- Des chaînes de production indépendantes.

- Une diplomatie cohérente.

Actuellement, les budgets militaires sont très disparates. Prenons 5 pays : France, Allemagne, Italie, Espagne, Pologne. Voici ces budgets pour l'année 2023 :

Pays	Budget militaire (en milliards de $ US)	Part du PIB (%)
France	61,3	2,1
Allemagne	66,8	1,5
Italie	35,5	1,6
Espagne	23,7	1,5
Pologne	31,6	3,8

Ces données illustrent les disparités significatives entre les pays européens en matière de dépenses militaires, tant en valeur absolue qu'en proportion du PIB. La Pologne se distingue par un effort de défense particulièrement élevé, reflétant sa position géopolitique et ses priorités stratégiques. En revanche, des pays comme l'Allemagne et l'Espagne consacrent une part moindre de leur PIB à la défense, ce qui peut influencer leur capacité à répondre aux exigences de sécurité collective au sein de l'Union européenne.

Une coordination des budgets militaires exige, en amont, une souveraineté budgétaire partagée : TVA, fiscalité du numérique, taxation des multinationales, relocalisation industrielle. Or, sur tous ces points, l'Union reste divisée. L'illusion d'un marché unique cache encore de profondes divergences. À titre d'exemple, voici les taux actuels de TVA et d'impôt sur les sociétés de quelques pays européens :

Pays	TVA standard (%)	Fiscalité numérique (%)	Taux d'imposition sur les sociétés (%)
France	20	3	25
Allemagne	19	0	15
Italie	22	3	24
Espagne	21	3	25
Pologne	23	0	19

Nationalismes et technocratie : les deux pièges

Deux périls majeurs menacent ce basculement tant attendu vers une Europe bloc :

1. **Le nationalisme.** Chaque pays européen a son propre récit, son propre électorat, ses propres lignes rouges. Certains gouvernements flattent ces instincts souverainistes au détriment du projet commun. Et Trump le sait : il sait que l'Europe est fragile parce que multiple, et il mise sur cette hétérogénéité pour la morceler.

2. **La technocratie.** À l'autre bout du spectre, la gouvernance européenne reste dominée par une bureaucratie sans incarnation. La lenteur des prises de décision, le langage technocratique, l'opacité des arbitrages : tout cela continue de nourrir la défiance. Pour devenir un bloc, l'Europe doit non seulement se coordonner, mais aussi inspirer, fédérer, mobiliser.

Vers une alternative : affaiblir les nationalismes, renforcer les régionalismes ?

Une piste pourrait résider dans une montée des régionalismes européens, comme réponse apaisée à la fragmentation identitaire. Plutôt que d'opposer le centralisme bruxellois aux souverainismes nationaux, l'Europe pourrait assumer sa mosaïque culturelle, et intégrer les identités régionales (Catalogne, Écosse, Bretagne, Lombardie…) dans un modèle politique plus souple, mais plus cohérent.

Il ne s'agirait plus d'un « État européen », mais d'un bloc fluide, capable d'articuler ses différences dans une vision géopolitique commune.

Une opportunité… mais pas une garantie

La guerre tarifaire imposée par Trump agit comme un test de résistance historique. C'est une pression supplémentaire sur un continent déjà fragilisé. Mais c'est aussi une opportunité de refondation. Si l'Europe réussit à affronter cette crise en bloc, elle en sortira renforcée, structurée, lisible, capable d'imposer ses règles.

Mais si elle échoue, si les égos nationaux dominent, si la technocratie bloque, si les populismes s'enracinent, alors l'Union deviendra une périphérie, dominée par les deux blocs du XXIe siècle : l'Amérique de Trump, la Chine de Xi.

Orwell avait-il raison ?

Le succès retrouvé du roman *1984* de George Orwell (que j'ai préfacé) n'est d'ailleurs pas anodin. Il résonne de plus en plus avec notre époque. Ce roman prophétisait deux choses. D'une part une surveillance généralisée et un contrôle accru des sociétés – ce que le Covid, l'essor de la surveillance numérique et l'écologie punitive ont partiellement installé dans nos vies quotidiennes. Et d'autre part, un monde structuré autour de trois blocs rivaux : Eurasia, Oceania, Estasia. Si ces blocs ne correspondent pas encore à une réalité factuelle, ils préfigurent une configuration possible : une Chine dominatrice en Asie (Estasia), des

États-Unis hégémoniques (Oceania), et une Europe qui ne pourra exister que si elle devient un troisième bloc cohérent (Eurasia). Sinon, elle finira dominée, absorbée, ou vassalisée par les autres.

Nous ne sommes pas encore dans une caricature orwellienne. Mais nous nous en rapprochons dangereusement.

CHAPITRE VI

Le piège des négociations bilatérales

Depuis l'annonce des droits de douane massifs par Donald Trump en avril 2025, la carte diplomatique mondiale s'est fragmentée à une vitesse inédite. Là où les grands accords commerciaux étaient autrefois négociés dans des cadres multilatéraux – OMC, UE, ALENA (devenu USMCA), Mercosur – la tendance s'oriente désormais vers un bilatéralisme agressif, personnalisé, asymétrique.

Donald Trump ne cache pas sa méthode. Il cherche à dissoudre les blocs, à contourner les institutions, à isoler les États les uns des autres pour mieux les contraindre. Son raisonnement est simple : les coalitions multilatérales affaiblissent l'effet de levier des États-Unis. En traitant directement avec chaque pays, il impose un rapport de force favorable, où la pression tarifaire peut être levée ou renforcée en échange de concessions précises.

Chaque pays est ainsi poussé à chercher sa propre porte de sortie : une dérogation, une exception, un accord sectoriel. Mais cette négociation en solitaire a un prix : un affaiblissement du front commun, une soumission tacite aux termes américains, parfois même une perte de souveraineté.

Le message implicite est clair : « Si vous traitez directement avec moi, je vous écoute. Si vous passez par une entité collective, je vous impose mes conditions. »

C'est une diplomatie de l'isolement, calquée sur les logiques de l'ancienne guerre froide, mais transposée à l'économie mondiale.

L'arme présidentielle : quand l'unilatéralisme devient la norme

Ce jeu du « un contre un » fonctionne d'autant mieux que Donald Trump exploite pleinement les ressorts constitutionnels du régime présidentiel pur des États-Unis. Contrairement à une démocratie parlementaire classique, le président américain dispose d'une large autonomie dans la conduite de la politique étrangère et commerciale.

Grâce à des lois comme le Trade Expansion Act de 1962 ou le Tariff Act de 1930, le président peut imposer des droits de douane pour des motifs de « sécurité nationale », sans validation préalable du Congrès. Trump l'a déjà utilisé par le passé, et sa réélection en 2024 a consolidé son emprise sur le Parti républicain, neutralisant toute opposition institutionnelle.

Il peut ainsi, par simple décret, modifier les conditions commerciales de milliards de dollars d'échanges, sans débat public, sans vote parlementaire, sans contrôle judiciaire immédiat.

Dans ce cadre, Trump devient l'unique voix du géant américain, concentrant un pouvoir que peu de démocraties tolèreraient. Et c'est précisément cette architecture qui lui permet de se placer au même niveau que Xi Jinping ou Vladimir Poutine : un chef qui incarne son pays, parle seul, décide seul, impose seul.

Cette situation crée un déséquilibre structurel : le monde se redessine sous la pression de dirigeants qui n'ont besoin de personne pour prendre des décisions globales.

L'Europe : la faiblesse structurelle du collectif

Face à des chefs d'État solitaires et tout-puissants, capables de décider en quelques heures du sort de millions de travailleurs, l'Europe donne l'image d'un géant désarticulé. En théorie, la Commission européenne détient la compétence exclusive en matière de négociations commerciales. Mais cette théorie s'effondre dès qu'elle se heurte à la réalité des intérêts divergents entre États membres. Car en pratique, chaque capitale garde ses priorités, ses industries à défendre, ses lignes rouges nationales qui ralentissent, diluent ou rendent impossible une réponse unifiée.

Donald Trump l'a bien compris. Il ne cherche pas à affronter l'Europe comme un tout : il la contourne, l'érode, la fragmente. Il connaît les failles. L'Allemagne, premier exportateur de voitures haut de gamme vers les États-Unis, tremble pour ses usines de BMW, Mercedes ou Volkswagen. La France, fidèle à son exception culturelle, veut préserver son agriculture, son luxe et ses produits protégés. L'Italie, en pleine instabilité politique, cherche désespérément des aménagements pour protéger ses PME. Quant à la Pologne, elle place la sécurité militaire américaine au-dessus de toute solidarité économique intra-européenne.

Chacune de ces priorités devient une porte d'entrée pour Washington. Des émissaires américains se rendent dans les capitales, proposent des exemptions ciblées, soufflent des clauses préférentielles. La stratégie est claire : introduire un coin dans la mécanique européenne, fissurer le bloc, obtenir des accords bilatéraux qui sapent la légitimité des négociations collectives. Une fois un pays tenté ou affaibli, c'est l'ensemble de l'édifice qui vacille.

Et cette tactique fonctionne d'autant mieux que l'Union européenne souffre d'un handicap structurel : l'absence d'incarnation politique forte. Il n'y a pas de président unique capable de négocier en son nom avec une stature équivalente à celle d'un Trump, d'un Xi ou d'un Poutine. Il n'y a pas de diplomatie directe, ni de voix immédiatement audible à l'échelle mondiale. Là où les puissances autoritaires décident en une phrase, Bruxelles rédige vingt-huit pages de compromis. L'efficacité symbolique se dissout dans la complexité procédurale.

Cette asymétrie institutionnelle est devenue une vulnérabilité stratégique. Car dans un monde de confrontation, celui qui hésite ou qui parle à plusieurs voix perd l'avantage avant même d'avoir commencé à négocier.

Un nouvel ordre mondial imposé par les régimes forts

Ce piège du bilatéralisme n'est pas qu'une tactique. C'est une vision du monde, une volonté de remodeler la scène internationale non plus autour de règles partagées, mais autour de rapports de domination personnalisés.

Les accords bilatéraux se multiplient :

- États-Unis – Vietnam

- États-Unis – Royaume-Uni

- Chine – Pakistan

- Russie – Iran

À chaque fois, ce sont des blocs qui s'affaiblissent au profit de chefs qui s'imposent. Les instances multilatérales perdent leur poids normatif : l'OMC est contournée, le G20 divisé, l'ONU marginalisée. Le monde ne s'organise plus autour de règles communes, mais autour de volontés individuelles.

C'est un retour à un monde féodal, où les seigneurs négocient directement, et où les petites provinces – souvent démocratiques – subissent.

Un danger politique pour les démocraties

Mais le plus inquiétant, c'est que cette méthode commence à séduire. Dans les démocraties occidentales, de plus en plus de citoyens admirent la « décision rapide » des régimes forts. Ils voient dans la verticalité du pouvoir une solution face à la lenteur, l'indécision, la paralysie parlementaire.

Le populisme en tire une nouvelle légitimité : « Regardez ce que fait Trump, pourquoi nous priverions-nous d'un pouvoir aussi efficace ? » La demande d'autorité grandit. La figure du « chef fort » revient au centre des imaginaires politiques.

Le piège du bilatéralisme devient alors aussi un piège démocratique. En installant l'idée qu'un monde efficace est un monde sans contre-pouvoirs, il affaiblit les fondements mêmes du libéralisme politique.

Conclusion : résister ou céder

Pour les démocraties comme l'Europe, le défi est immense. Elles doivent prouver qu'un système de débat, de contrôle et de pluralisme peut aussi être puissant, rapide et crédible à l'échelle mondiale.

Il ne suffit plus d'être moralement exemplaire. Il faut être institution-nellement agile, politiquement stratégique, diplomatiquement cohérent.

Sinon, le monde des chefs imposera ses règles. Et l'Europe, faute d'avoir parlé d'une seule voix, pourrait être condamnée à ne plus parler du tout.

SECONDE PARTIE

LES STRATÉGIES POUR MAXIMISER VOS PROFITS DANS CE MONDE QUI SE FERME

CHAPITRE VII

Trois scénarios économiques
pour le monde de demain

Avril 2025 a marqué un point de bascule. Depuis la décision de Donald Trump d'imposer des droits de douane massifs et généralisés, le monde économique est entré dans une phase d'instabilité systémique. La réaction de la Chine, la fragilité européenne, la reconfiguration des alliances… tout laisse penser que le conflit commercial est en train de devenir une matrice du monde à venir, et non un simple épisode conjoncturel.

Mais vers quoi allons-nous ? Peut-on encore parler de « commerce mondial » dans un monde où les blocs se ferment ? Ce chapitre propose trois scénarios de prospective géopolitique et économique, du plus sombre au plus constructif. Ce sont des hypothèses, mais toutes s'appuient sur des tendances réelles déjà à l'œuvre.

Scénario 1 – Le monde du repli : vers une guerre économique totale

Dans ce scénario, la guerre commerciale s'amplifie, sans médiation réelle ni retour en arrière.

Ce qui se passe :

- Les surtaxes douanières se généralisent : Trump applique ses menaces les plus extrêmes (jusqu'à 145 % sur certains produits chinois), la Chine riposte par 125 %, et les autres pays suivent.

- Les institutions internationales s'effondrent : l'OMC est vidée de sa substance, le G20 devient une simple vitrine, l'ONU est paralysée.

- Les chaînes de valeur mondiales se brisent : les multinationales ne peuvent plus organiser leur production à l'échelle du globe. Le coût logistique explose, les composants manquent, les livraisons deviennent erratiques.

- Les prix flambent : inflation généralisée, matières premières sous tension, perte du pouvoir d'achat massif pour les classes moyennes.

- La dédollarisation s'accélère : pour éviter les sanctions américaines, la Chine, la Russie, l'Iran, et certains pays du Sud global commencent à commercer en yuan, rouble, roupie ou monnaies numériques alternatives. Le système Swift est contourné.

Les conséquences :

- Récession mondiale : contraction des échanges, chute de la consommation, délocalisations à l'envers (relocalisations partielles à coût élevé), appauvrissement global.

- Effondrement de petits pays : comme le Sri Lanka, d'autres économies fragiles, dépendantes d'un ou deux partenaires, s'effondrent. Cela entraîne des vagues migratoires, des troubles sociaux, voire des conflits internes.

- Montée des régimes autoritaires : les peuples exaspérés réclament des dirigeants « efficaces ». De nombreux pays basculent dans un autoritarisme assumé, parfois élu, parfois imposé.

- Blocage écologique : la transition énergétique est freinée par la désorganisation industrielle. Le climat devient une variable secondaire.

C'est un monde post-mondialisation, de plus en plus chaotique, où le commerce devient un champ de guerre, et non plus de coopération.

Dans ce deuxième scénario, le conflit commercial se structure, non pas en guerre ouverte, mais en recomposition géopolitique autour de trois grands pôles.

Ce qui se passe :

- Le monde s'organise en trois grandes zones d'influence, chacune avec ses propres normes commerciales, ses alliances monétaires, et ses zones de sécurité :

    1. Le bloc américain : États-Unis, Canada, Mexique, Royaume-Uni, Australie, certains pays d'Amérique latine. Piloté par Washington, avec une monnaie forte (le dollar) et un appareil militaro-industriel toujours dominant.

    2. Le bloc sino-russe : Chine, Russie, Iran, Asie centrale, plusieurs pays africains (via la Nouvelle Route de la Soie), plus quelques alliés ponctuels en Asie du Sud-Est.

    3. L'Europe comme bloc autonome (si elle y parvient), rassemblant ses États membres autour d'une politique douanière commune, d'une politique industrielle coordonnée, et d'une forme de souveraineté partagée en matière monétaire et militaire.

- Les autres pays (Inde, Brésil, Turquie, Indonésie...) oscillent entre les blocs, cherchant à tirer profit de la rivalité sans s'aligner totalement.

Les conséquences :

- Régionalisation des échanges : le commerce mondial chute, mais les échanges à l'intérieur des blocs augmentent.

- Standards technologiques divergents : l'Internet devient fragmenté, les normes de production (5G, IA, batteries) ne sont plus universelles.

- Compétition monétaire : le yuan numérique se développe, le dollar reste puissant, l'euro tente de rester indépendant.

- Montée de la surveillance et du contrôle : chaque bloc renforce sa sécurité intérieure, parfois au détriment des libertés civiles.

- Accélération de la transition énergétique : pour garantir leur indépendance, les blocs investissent dans les énergies renouvelables et la relocalisation des matériaux critiques (terres rares, batteries).

C'est un monde plus fermé, mais pas nécessairement chaotique. Une sorte de « guerre froide commerciale », où la coopération se fait à l'intérieur des blocs, et la méfiance prévaut entre eux.

Scénario 3 – Le monde refondé : retour des règles communes

Ce scénario, plus optimiste, suppose une prise de conscience collective après une phase de crise, poussant les grandes puissances à reconstruire des institutions internationales plus robustes et inclusives.

Ce qui se passe :

- Après plusieurs années de turbulences économiques, les grandes puissances s'assoient de nouveau à la table des négociations. Un nouveau « Bretton Woods » est convoqué.

- L'OMC est réformée en profondeur : intégration des préoccupations climatiques, fiscales et sociales, retour de l'arbitrage multilatéral, réduction concertée des surtaxes.

- La taxation des multinationales devient une réalité : taux minimum universel, harmonisation des règles de déclaration, lutte contre l'évasion fiscale.

- Les GAFA sont régulés à l'échelle mondiale, notamment sur la donnée, la concurrence, et les droits numériques.

- Un accord climatique relancé : investissements coordonnés, transfert de technologies, mécanismes de tarification carbone plus équitables.

Les conséquences :

- Reprise des échanges mondiaux, mais sur des bases renouvelées, intégrant des objectifs de durabilité, de justice sociale, et de souveraineté partielle.

- Renouveau du multilatéralisme, porté par de nouveaux acteurs (Inde, Afrique du Sud, Amérique latine) qui obtiennent davantage de poids.

- L'Europe devient un pivot entre les blocs, un médiateur géopolitique, une force normative pacificatrice.

- Les peuples reprennent confiance dans la démocratie libérale, car elle prouve qu'elle peut être efficace sans renoncer à ses principes.

C'est un monde plus complexe, mais aussi plus équilibré, où l'expérience du chaos a servi à reconstruire un ordre mondial plus durable.

Conclusion

Le monde de demain n'est pas écrit. Mais il se joue maintenant. La guerre des droits de douane déclenchée en 2025 est le symptôme d'un monde fracturé, où les règles sont remises en cause, où les chefs d'État redéfinissent leurs pouvoirs, et où les institutions collectives sont en sursis.

Ces trois scénarios ne sont pas mutuellement exclusifs : le réel pourra mêler des éléments de chacun. Mais leur mise en évidence permet de comprendre les lignes de fracture, les bifurcations possibles, les décisions politiques urgentes à prendre.

L'avenir ne dépend pas seulement des chefs. Il dépend aussi des peuples. De leur capacité à refuser l'autoritarisme, à construire des coopérations intelligentes, et à exiger un ordre mondial plus juste.

CHAPITRE VIII

Marchés financiers : trois scénarios boursiers pour un monde incertain, et les choix à faire

Les marchés financiers ne sont pas seulement le thermomètre de l'économie mondiale : ils en sont aussi un accélérateur, un révélateur et parfois un amplificateur des crises. Depuis avril 2025, les marchés actions, obligataires et monétaires ont été secoués par une suite d'annonces, de réactions politiques et de tensions internationales qui les ont rendus plus imprévisibles que jamais.

Mais investir dans un monde incertain ne signifie pas rester immobile. Cela signifie penser en scénarios, diversifier les approches, et comprendre les grandes lignes de force qui orienteront les flux de capitaux dans les années à venir.

L'erreur serait de croire que l'ancien monde va revenir. Les droits de douane, les replis stratégiques, la guerre des normes, les défis écologiques et technologiques vont continuer à transformer les marchés financiers.

Ce chapitre n'est pas une incitation à spéculer, mais un outil de lecture prospective. Il montre que même dans l'incertitude, il est possible d'analyser, de hiérarchiser, d'anticiper.

Dans un monde éclaté, le meilleur investisseur ne sera pas celui qui prédit les cours à trois mois, mais celui qui comprend les lignes de faille et les structures de demain.

À partir des trois grands scénarios prospectifs évoqués dans le chapitre précédent, nous allons maintenant examiner les conséquences boursières et les secteurs stratégiques à privilégier dans chacun d'entre eux. Ensuite, nous croiserons ces scénarios avec deux autres scénarios concernant l'Europe : selon qu'elle réussisse ou pas son réarmement.

Scénario 1 – Guerre économique totale : volatilité extrême et fuite vers le tangible

Dans un monde où les blocs se ferment, les surtaxes s'enchaînent et les chaînes de valeur se brisent, les marchés financiers deviennent nerveux, erratiques, fragmentés.

Tendances générales :

- Forte volatilité, repli sur les marchés domestiques

- Montée de l'inflation, hausse des taux d'intérêt

- Fuite vers la sécurité tangible : or, matières premières, immobilier local

- Chute des techs mondiales et des multinationales trop exposées à la globalisation

Actions à privilégier :

SECTEUR	JUSTIFICATION
Or / Métaux précieux	Valeurs refuge en temps de crise profonde
Énergie fossile et renouvelable locale	Réarmement énergétique des blocs
Défense / armement	Hausse massive des budgets militaires
Agroalimentaire de proximité	Sécurité alimentaire redevenue stratégique
Utilities / Services publics	Résilience en période de repli

À éviter :

- GAFAM (trop dépendants de chaînes mondiales)

- Valeurs de consommation cyclique

- Marchés émergents non alignés

Scénario 2 – Monde des blocs : polarisation et reconcentration régionale

Dans un monde fragmenté mais stabilisé, les marchés financiers s'organisent en zones régionales de croissance, avec des standards technologiques et monétaires distincts. La mondialisation devient intra-blocs, et la compétition est inter-blocs.

Tendances générales :

- Retour de la croissance sélective par zones

- Émergence de champions industriels régionaux

- Dédollarisation progressive, diversification monétaire

- Écarts de valorisation croissants entre blocs

Actions à privilégier :

SECTEUR	JUSTIFICATION
Technologie souveraine (semi-conducteurs, IA locale)	Reconstitution des chaînes critiques internes aux blocs
Infrastructures régionales (transport, énergie, télécom)	Consolidation de l'autonomie
Banques domestiques solides	Revalorisation de l'intermédiation nationale
Industrie lourde / relocalisation	Réindustrialisation stratégique
Énergies vertes protégées / subventionnées	Politique climatique intra-bloc

Stratégies boursières :

- Favoriser les ETF régionaux (ex : Europe hors tech US / Asie émergente bloc sino-russe)

- Sous-pondérer les actions internationales très mondialisées

- Éviter les devises à risque (hors bloc ou à faible souveraineté)

Scénario 3 – Monde refondé : renaissance coordonnée et retour de la croissance durable

Dans ce scénario plus optimiste, les marchés bénéficient d'un retour de la coopération mondiale, de nouvelles règles fiscales, de réformes climatiques coordonnées, et d'un climat institutionnel plus stable. La croissance reprend, mais sur des bases transformées.

Tendances générales :

- Réformes fiscales mondiales sur les multinationales

- Coordination des politiques monétaires

- Relance de la transition énergétique et numérique

- Croissance mondiale plus lente mais plus équitable

Actions à privilégier :

SECTEUR	JUSTIFICATION
Technologies propres et durables	Accord planétaire sur le climat et les subventions vertes
Santé et biotech	Collaboration mondiale sur les soins, vieillissement
Multinationales restructurées	Meilleure gouvernance, fiscalité stabilisée
Infrastructure verte	Partage d'investissement public/privé
Éducation / EdTech	Réinvestissement massif dans les compétences

Stratégies boursières :

- Revenir à une allocation mondiale équilibrée (USA, Europe, Asie)

- Favoriser les ETF thématiques durables

- Anticiper la montée de la fiscalité mais aussi de la légitimité des marchés

L'Europe, facteur différenciant dans les marchés

Dans chacun des trois scénarios mondiaux évoqués, le comportement de l'Europe – et en particulier sa capacité à devenir un bloc souverain militairement et économiquement – modifiera profondément les dynamiques d'investissement sur le continent.

C'est donc un facteur à intégrer *en plus* du scénario global.

Nous sommes alors face à une matrice stratégique à deux dimensions :

- Axe horizontal : l'état du monde (guerre commerciale totale, monde des blocs, refondation)

- Axe vertical : l'Europe se réarme et se coordonne / l'Europe échoue à se constituer en bloc

Voici une grille de lecture synthétique croisée :

Tableau de croisement – Scénarios boursiers et avenir du réarmement européen

SCÉNARIO MONDIAL →	GUERRE ÉCONOMIQUE TOTALE	MONDE DES BLOCS	REFONDATION COORDONNÉE
Europe échoue à se réarmer	Repli massif des capitaux hors zone euro. Industrie européenne fragilisée. Montée du populisme. Fuite vers actifs US ou or.	L'Europe devient un protectorat commercial du bloc américain ou chinois. Ses actions perdent en attractivité. Marginalisation boursière.	L'Europe profite à la marge, mais reste dominée par les géants US / Asie. Peu de leadership sur les marchés.
Europe se réarme avec succès	Développement accéléré du complexe militaro-industriel européen. Résilience accrue des valeurs stratégiques (Thales, Airbus, Dassault, EDF) et des small caps positionnées sur le secteur. Valorisation de l'autonomie stratégique.	L'Europe devient un « tiers-bloc » d'investissement. Création de champions industriels souverains. Fusions et OPA. Attirance pour les ETF Europe défense / industrie / transition verte.	L'Europe devient une zone de stabilité intermédiaire, attractive pour l'investissement long terme. Bénéficie du retour à un multilatéralisme réformé.

Implications boursières spécifiques du réarmement européen :

- **Industrie de défense** : des valeurs comme Thales, Leonardo, Rheinmetall, Safran, Dassault sont les grandes gagnantes d'un réarmement, surtout si coordonné. À privilégier en cas de guerre commerciale ou monde des blocs.

- **Infrastructure et transition énergétique** : le réarmement européen nécessitera une autonomie énergétique. Les entreprises de renouvelables (Iberdrola, Orsted, Engie) et de nucléaire (EDF, Framatome) seront renforcées.

- **Technologies souveraines** : un effort européen de souveraineté numérique pourrait faire émerger un Nasdaq européen (cloud, IA, cybersécurité).

- **Marchés obligataires** : si l'Europe se réarme sans union budgétaire, la fragmentation pourrait pénaliser la dette italienne ou espagnole. À surveiller.

Protéger et optimiser son portefeuille dans un monde fracturé

Quel que soit le scénario qui se mettra vraiment en place, il va y avoir des constantes à observer dans vos stratégies.

Dans un monde où l'incertitude géopolitique devient la norme, la première règle d'un investisseur averti est **la protection du capital**. Cela passe par la diversification des classes d'actifs (actions, or, obligations, crypto, immobilier), mais aussi par une allocation géographique stratégique. En cas de guerre commerciale durable, les valeurs fortement exposées à l'international verront leurs marges comprimées par les surtaxes, les frictions logistiques ou les tensions diplomatiques.

À l'inverse, certaines **actions européennes « intra-muros »** pourraient tirer leur épingle du jeu :

- En premier lieu les PME et ETI bien ancrées dans les circuits courts. Le circuit court avec une chaîne de valeur réduite doit devenir un maître-mot de vos investissements : pas de dépendance à l'Asie ni aux États-Unis. Citons par exemple Aramis, filiale de Stellantis qui vend des voitures reconditionnées sur Internet, en les reconditionnant dans ses propres usines ; citons aussi Largo qui fait la même chose pour les smartphones. Ce sont deux PME cotées en bourse produisant en circuit court.
- Les entreprises bénéficiant de subventions européennes ou opérant dans des secteurs protégés (santé, infrastructures, énergies renouvelables, cybersécurité). Leurs marges pourraient même progresser, portées par une demande locale et des politiques de soutien. Citons par exemple Biomerieux ou Eiffage qui sont des sociétés particulièrement impliquées dans des projets subventionnés.
- Il faudra aussi surveiller les acteurs de la relocalisation, les constructeurs d'équipements industriels, et les fournisseurs de technologies souveraines.

Pour résister aux chocs, un portefeuille intelligent devra combiner **valeurs défensives**, **exposition à la souveraineté économique**, **ETF régionaux spécialisés**, et **protections contre la volatilité** (options, actifs réels, or). Les phases de baisse du marché seront violentes et il ne faudra pas hésiter à protéger les portefeuilles avec des instruments adéquats comme des ETF qui montent quand le marché baisse.

Conclusion

L'Europe est aujourd'hui le continent pivot. Si elle **échoue à se réarmer**, elle risque la marginalisation stratégique. Si elle **réussit**, elle deviendra un bloc refuge et moteur. Ce facteur est décisif pour les marchés financiers dans les années à venir.

Les investisseurs ne peuvent plus penser le monde sans penser l'Europe. Et ils ne peuvent plus penser l'Europe sans penser la guerre. Qu'elle soit militaire ou économique.

CHAPITRE IX

Comment circuler dans un monde qui se referme ?

L'un des fondements implicites de la mondialisation depuis les années 1990 était la liberté croissante de circulation. Pour les marchandises, mais aussi pour les personnes. Le tourisme international explosait, les visas étaient simplifiés, les accords bilatéraux ou multilatéraux se multipliaient. L'espace Schengen en était l'un des exemples les plus aboutis.

Mais les crises successives ont lentement inversé cette dynamique.

La crise sanitaire : point de départ de ce monde d'après

Le Covid-19 a constitué le premier choc frontal : du jour au lendemain, les frontières ont été fermées, même au sein de l'Union européenne. L'idée même de liberté de circulation, considérée comme un droit acquis, s'est effondrée sous les coups d'états d'urgence, de passes sanitaires et de quarantaines imposées. Même les déplacements entre régions françaises ont parfois été interdits. Cela a constitué un tournant psychologique majeur : la fermeture n'était plus une fiction, mais une réalité possible.

Cette expérience a laissé des traces. Depuis 2020, les restrictions de déplacement sont plus facilement acceptées. L'écologie punitive pousse à limiter les déplacements longue distance. L'obsession sécuritaire les encadre de plus en plus. Et désormais, la guerre commerciale pourrait s'ajouter à cette logique de mobilité conditionnelle.

Flux touristiques et migration nette par région (2019 – 2022)

RÉGION	TOURISTES INTERNATIONAUX 2019	TOURISTES INTERNATIONAUX 2022	MIGRATION NETTE ANNUELLE (2022)
EUROPE	745 millions	480 millions	+1,5 million
AMÉRIQUE DU NORD	200 millions	150 millions	+2,3 millions
ASIE-PACIFIQUE	360 millions	250 millions	-1,2 million
AFRIQUE	70 millions	50 millions	-0,8 million
AMÉRIQUE LATINE	110 millions	85 millions	-0,3 million
MOYEN-ORIENT	60 millions	45 millions	-0,2 million

Sources : Tourisme international : Organisation mondiale du tourisme (OMT)/ Migration nette : Banque mondiale, Organisation internationale pour les migrations (OIM)

J'avais hélas prévu ces mutations profondes dans mon livre *Face au monde d'après* publié en 2020, il y a tout juste cinq ans.

La tentation de filtrer aussi les individus

À mesure que les frontières économiques se ferment, la tentation grandit de filtrer aussi les personnes, selon leur origine, leur nationalité, leur statut fiscal, sanitaire ou diplomatique. Ce n'est plus seulement le commerce qui devient une affaire de géopolitique, mais la simple mobilité humaine.

Ce filtrage différencié est déjà partiellement à l'œuvre. De nombreux pays appliquent des visas variables selon le passeport présenté : un ressortissant canadien entre souvent sans formalité, là où un Nigérian ou un Afghan doit justifier de tout, y compris de son retour. À cela s'ajoutent des frais d'entrée parfois élevés, que l'on pourrait déjà assimiler à des droits de douane humains. En Tanzanie ou en Égypte, un visa pour un Européen peut coûter plusieurs dizaines d'euros. À Bali, certains touristes doivent prouver leur niveau de revenus. Aux États-Unis ou en Israël, les systèmes biométriques (empreintes digitales, scan rétinien, reconnaissance faciale) sont déjà systématisés à l'entrée du territoire. La technologie permet désormais une traçabilité quasi-totale des individus, en temps réel.

Dans ce contexte, on peut imaginer que le tourisme international soit, demain, impacté par des droits de douane indirects sur les personnes elles-mêmes :

- Suppléments dans les hôtels, musées ou restaurants selon la nationalité, automatiquement appliqués via la carte d'identité ou un identifiant biométrique ;

- Tarification différenciée pour certains services (transports, santé, données télécoms) en fonction du pays d'origine ou du niveau de revenus déclaré ;

- Attribution de quotas de visas touristiques selon des critères géoéconomiques, écologiques ou diplomatiques (par exemple, un pays ayant une mauvaise empreinte carbone pourrait voir ses citoyens limités dans leurs déplacements) ;

- Systèmes de scoring algorithmique, croisant les données bancaires, sanitaires, professionnelles et idéologiques, pour accorder ou refuser certains types de mobilité.

Ce qui semble aujourd'hui dystopique pourrait devenir un mécanisme discret mais réel de filtrage, au nom de la rationalité budgétaire, de la neutralité climatique ou de la sécurité.

L'argument écologique pourrait d'ailleurs servir de justification parfaite : réduire le tourisme de masse, limiter l'empreinte carbone des vols internationaux, privilégier le tourisme de proximité. Ce discours est déjà très répandu dans les cercles politiques et militants. L'idée que « voyager pollue » pourrait devenir la matrice idéologique d'une nouvelle forme de restriction de la liberté de mouvement.

Mais derrière cette logique, se profile un risque de ségrégation économique mondiale, où voyager ne sera plus un droit, mais un luxe. Un privilège réservé aux citoyens de certaines puissances, à certaines classes sociales, ou à certains profils de données. La liberté de se déplacer, qui fut l'un des piliers symboliques de la mondialisation, pourrait être réduite à une mobilité algorithmique sous contrôle étatique ou privé.

Le paradoxe, c'est que cette logique séduirait à la fois :

- Les régimes autoritaires, qui y verraient un outil de surveillance parfait ;

- Les démocraties fatiguées, en quête de sécurité et de contrôle des flux ;

- Les élites écologistes, désireuses de limiter la surconsommation planétaire ;

- Et même certains citoyens des classes moyennes, qui verraient d'un bon œil une limitation du tourisme de masse bon marché.

En somme, le filtrage des individus pourrait s'imposer sans résistance, au nom du bien commun, de la planète, ou de la stabilité.

Une Europe vulnérable… même en interne

Même en Europe, la question du retour des frontières internes n'est plus taboue. Les épisodes migratoires de 2015, les tensions autour des demandes d'asile, et surtout la gestion hétérogène du Covid ont déjà fissuré l'espace Schengen.

À cela s'ajoutent aujourd'hui les tensions économiques croissantes. Si Trump pousse pour des négociations bilatérales, il pourrait exiger des mesures migratoires spécifiques pour chaque pays. Et la Chine, de son côté, filtre déjà sévèrement l'entrée des étrangers.

Dans un tel climat, il n'est pas exclu que des barrières internes réapparaissent :

- Contrôles aux frontières entre pays européens ;

- Réduction du droit à l'installation professionnelle intra-UE ;

- Durcissement des règles de regroupement familial ou de retraite transfrontalière.

Ces dynamiques, si elles s'amplifient, pourraient menacer le cœur même du projet européen : la libre circulation des personnes.

Des effets directs sur la démographie... et la croissance

Limiter la mobilité des personnes n'est pas anodin. C'est même l'une des décisions politiques aux effets les plus structurants, à moyen et long terme. Derrière chaque flux humain se cachent des dynamiques économiques, sociales et culturelles qu'un simple mur ou qu'un visa peut anéantir en silence.

- **La démographie** : dans des pays vieillissants comme l'Allemagne, l'Italie ou le Japon, la natalité est insuffisante pour assurer le renouvellement des générations. Ces pays reposent donc largement sur l'apport migratoire pour stabiliser leur population active. En Allemagne, par exemple, le solde migratoire positif a permis de compenser une chute continue de la natalité depuis les années 1970. Fermer les frontières reviendrait à accepter une réduction structurelle de la population active, avec toutes les conséquences que cela implique : déclin de la consommation, tensions sur les retraites, baisse de la productivité potentielle. Le vieillissement sans renouvellement est un poison lent mais sûr.

- **La croissance économique** : les économies développées ont besoin de main-d'œuvre dans des secteurs que les populations locales délaissent ou ne peuvent plus satisfaire : agriculture, BTP, services à la personne, hôtellerie, santé. Sans mobilité des travailleurs, ces secteurs ralentissent, voire s'effondrent. C'est également vrai pour les étudiants étrangers, qui non seulement paient leurs études mais deviennent souvent des travailleurs qualifiés dans leur pays d'accueil. Restreindre leur venue revient à fragiliser l'enseignement supérieur, à perdre des compétences, et à se priver d'un vivier de talents. Les saisonniers agricoles ou les aides-soignants venus de l'étranger jouent un rôle fondamental dans le fonctionnement quotidien des sociétés. Les priver d'accès, c'est saboter une partie du tissu économique invisible mais vital.

- **L'innovation** : les grandes révolutions technologiques, artistiques et sociales sont presque toujours nées de brassages humains. La Silicon Valley n'est pas devenue un centre mondial de l'innovation par hasard : elle concentre des talents venus du monde entier. Steeve Jobs était né de parents issus de l'immigration. Elon Musk, le plus fervent soutien de Trump, a immigré aux États-Unis depuis l'Afrique du Sud. Plus de la moitié des start-ups américaines à forte croissance ont été fondées par des immigrés ou des enfants d'immigrés. Berlin, Londres ou Amsterdam ont aussi profité de leur capacité à attirer des profils créatifs, polyglottes, connectés à plusieurs cultures. En restreignant la circulation, on restreint aussi les échanges d'idées, la confrontation des points de vue, la fertilisation croisée des savoirs. On ferme les laboratoires humains où naissent les solutions de demain.

Il faut ajouter à cela les effets indirects et psychologiques : un monde fermé est aussi un monde moins optimiste, moins curieux, moins ouvert à l'altérité. Les sociétés tendent à se replier sur elles-mêmes, à se durcir, à radicaliser leurs conflits internes. L'immobilité physique peut nourrir une immobilité intellectuelle, voire une crispation culturelle.

En résumé, un monde qui se referme est aussi un monde moins jeune, moins dynamique, moins inventif. Et potentiellement, moins libre. Car derrière les chiffres de croissance ou de solde migratoire, c'est aussi une certaine vision de l'humanité qui est en jeu : celle d'un monde où l'on circule, où l'on échange, où l'on progresse ensemble.

Un monde où le déplacement devient un luxe ?

À l'horizon de dix ou quinze ans, si la logique actuelle se poursuit, nous pourrions voir émerger un monde où le fait de voyager nécessitera un passeport biométrique à reconnaissance faciale, doublé d'un profil de crédit carbone et fiscal, où les visas seront accordés selon des critères économiques, sanitaires et idéologiques et bien entendu où les déplacements ne seront plus des droits, mais des faveurs, accordées ou refusées par des systèmes algorithmiques.

Un monde où l'on ne paiera pas que des billets d'avion, mais aussi une taxe symbolique pour son origine, son mode de vie, ou sa provenance géopolitique.

Comment continuer à se déplacer dans un monde qui se referme ?

Dans un monde où la mobilité devient conditionnelle, il ne suffira plus de vouloir voyager : il faudra prouver qu'on y a droit. La liberté de circuler, naguère considérée comme un acquis, devient un privilège réservé à ceux qui anticipent et s'organisent. Dès aujourd'hui, plusieurs leviers concrets permettent de préserver – ou d'élargir – sa marge de manœuvre géographique.

Le premier levier est administratif : disposer d'une **double nationalité**, ou à défaut d'un **titre de séjour long terme** dans un pays stratégique. Cette « assurance mobilité » permet de franchir certaines frontières, d'accéder à des droits de résidence, voire d'échapper à des restrictions géopolitiques ou fiscales. L'obtention d'une deuxième nationalité peut se faire par filiation, par mariage, ou – de manière de plus en plus répandue – par investissement. De nombreux pays proposent, en toute légalité, des « *visa gold* » ou des *citizenship by investment programs*. Le prix varie considérablement : comptez **100 000 à 150 000 dollars** pour un passeport caribéen (Saint-Kitts-et-Nevis, Dominique), autour de **500 000 euros** pour un passeport européen via des investissements immobiliers au Portugal ou à Malte, voire plusieurs millions dans certains cas asiatiques. Cette pratique, souvent officieuse dans ses justifications, mais officielle dans ses procédures, est en train de devenir une norme pour les élites mondiales.

Mais le capital nécessaire ne doit pas être dormant. C'est là qu'intervient le second levier : **les placements financiers dynamiques**. Dans un monde fragmenté et inflationniste, il est crucial de sortir de la seule épargne classique pour se positionner sur des actifs porteurs : énergie, défense, infrastructures vertes, ETF thématiques résilients, or physique, mais aussi immobilier dans des zones géopolitiquement stables. Non seulement ces investissements permettent de faire fructifier son patrimoine, mais ils peuvent aussi, dans certains cas, ouvrir les portes de la mobilité internationale (résidence via investissement). L'immobilité patrimoniale pourrait bientôt signifier immobilité physique.

En résumé, dans ce nouveau monde, circuler sera un acte stratégique. Cela passera par une combinaison de statuts légaux solides, de données propres, et de placements agiles. Plus qu'un privilège, la mobilité deviendra une compétence. Et ceux qui ne l'auront pas anticipée risquent de découvrir un jour que l'horizon est devenu une frontière.

Conclusion : un basculement silencieux

Nous sommes à un moment charnière. La liberté de circuler est en train de devenir une variable d'ajustement. L'idéologie du déplacement globalisé touche peut-être à sa fin.

La guerre commerciale, en apparence purement économique, peut avoir des répercussions intimes, quotidiennes, identitaires. Car limiter le droit à commercer, c'est aussi souvent limiter le droit à se déplacer. Et demain peut-être, à exister dans l'espace public mondial.

Ce basculement est silencieux, progressif. Mais il redessine notre monde à vive allure. Si nous n'y prenons pas garde, nous risquons de vivre dans un monde où nos enfants devront justifier leurs voyages comme nos grands-parents justifiaient leurs sorties : par nécessité, par autorisation,

par permission. Ou comme nous devions les justifier pendant la pandémie du Covid, par des attestations.

CHAPITRE X

Monnaies, or et cryptoactifs : La recomposition monétaire à venir

La guerre des droits de douane n'a pas seulement des effets visibles sur les échanges de marchandises. Elle agit aussi comme un détonateur monétaire, précipitant une redéfinition profonde des rapports de force entre devises. En instaurant des barrières économiques, les États créent des incertitudes monétaires, qui incitent les banques centrales, les États et les investisseurs à reconfigurer leurs stratégies de réserve et de transaction.

Trois grandes tendances émergent :

1. La **recherche de valeurs refuges tangibles**, notamment l'or.

2. L'essor – ou le reflux – des **cryptoactifs et monnaies numériques d'État**.

3. Le **retour du débat sur les monnaies adossées à un actif physique**, à l'image de l'étalon-or.

Le grand retour de l'or : une ruée géopolitique

L'or a toujours été le refuge des périodes de crise. Mais depuis 2022, son rôle est en train de muter : il n'est plus seulement une couverture contre l'inflation, il devient un outil stratégique de souveraineté. Le graphique de l'évolution du prix de l'once d'or sur 20 ans en dit long :

À chaque crise mondiale, le prix de l'or monte. Et pendant les 7 à 8 années plus calmes (2012 à 2019), l'or a stagné.

Mais c'est surtout depuis que Trump a commencé à parler sérieusement de droits de douane que l'or flambe. Et surtout depuis qu'il les met en œuvre.

En avril 2025, l'once d'or a dépassé les 3 200 dollars, un record historique, sous l'effet combiné :

- de la perte de confiance dans le dollar ;

- des tensions commerciales USA-Chine ;

- de la frénésie d'achat des banques centrales des BRICS ;

- et de la montée des risques géopolitiques.

Les chiffres parlent d'eux-mêmes : entre 2023 et 2024, les banques centrales du monde entier ont acheté plus de 2 200 tonnes d'or, un record inédit depuis un demi-siècle. Fait marquant, l'essentiel de ces achats a été effectué par des pays non occidentaux – en tête desquels figurent la Chine, la Russie, la Turquie et plusieurs pays du Golfe ou des BRICS. Cette frénésie d'achat ne relève pas d'un simple choix de diversification financière, elle traduit une stratégie géopolitique assumée, visant à réduire la dépendance au système monétaire dominé par le dollar.

Derrière cette accumulation, plusieurs objectifs convergents apparaissent :

– Diversifier les réserves de change, en réduisant la part du dollar et de l'euro dans les actifs détenus par les banques centrales. L'or, valeur tangible et politiquement neutre, redevient un pilier de confiance dans un monde où la confiance dans les « monnaies fiat » diminue. *Rappel : les monnaies « fiat » sont des monnaies décrétées comme ayant cours légal par les gouvernements, sans adossement à une valeur physique comme l'or. Leur valeur repose uniquement sur la confiance dans les États qui les émettent.*

– Préparer des systèmes de compensation alternatifs, permettant de réaliser des échanges bilatéraux ou multilatéraux en contournant le dollar. Des accords entre pays comme la Chine, la Russie et l'Iran envisagent déjà des mécanismes de règlement en or ou en monnaies locales, indexées partiellement sur le métal jaune.

– Se prémunir contre les sanctions occidentales, en constituant des réserves échappant aux réseaux SWIFT ou aux saisies d'actifs. L'or, conservé dans les coffres des banques centrales ou rapatrié sur le sol national, est vu comme un rempart ultime contre l'arme financière des grandes puissances occidentales.

Ainsi, dans un contexte de tensions croissantes entre blocs monétaires, l'or retrouve un rôle central : non plus comme étalon officiel, mais comme fondement stratégique d'un ordre financier multipolaire. Ce retour en grâce pourrait marquer un tournant structurel, dans lequel le métal jaune redeviendrait une référence implicite, voire une monnaie d'adossement pour certaines transactions internationales sensibles.

Vers 5 000 dollars l'once ? Hypothèse d'un scénario de rupture

Depuis le franchissement du seuil symbolique des 3 000 dollars l'once au printemps 2025, une question agite les cercles financiers : l'or pourrait-il grimper jusqu'à 5 000 dollars l'once, voire au-delà ? Ce qui relevait autrefois de la spéculation marginale est désormais envisagé par plusieurs analystes comme un scénario plausible, dans le cadre d'une fragmentation durable de l'ordre monétaire international.

Un tel niveau ne serait pas atteint par simple effet de mode ou d'inflation, mais bien dans le cadre d'un scénario de rupture, caractérisé par trois dynamiques majeures :

- Une intensification de la guerre commerciale mondiale, durable, structurelle, affectant à la fois les biens, les services, la technologie, et la finance. Dans ce climat, les investisseurs cherchent des valeurs-refuges hors du système dollar, et l'or redevient un socle tangible.

- Une érosion du rôle hégémonique du dollar, contesté à la fois par les grandes puissances rivales (Chine, Russie) et par une partie croissante des pays émergents. Si le dollar cesse d'être perçu comme une monnaie neutre ou fiable, la demande mondiale d'or pourrait se substituer partiellement à celle de bons du Trésor américains.

- La mise en place de systèmes d'échange adossés à l'or par les pays des BRICS, ou par un sous-groupe influent. Cela pourrait prendre la forme d'un « panier » de monnaies ou d'un mécanisme de règlement partiellement garanti par des réserves en métal jaune, ce qui créerait une demande structurelle d'or dans les règlements interétatiques.

Dans un tel contexte, le seuil des 5 000 dollars l'once ne serait pas le signe d'une euphorie dorée, mais le symptôme d'un dérèglement majeur du système économique global. Ce niveau indiquerait à la fois une perte de confiance généralisée dans les monnaies fiat et les institutions multilatérales, une montée des incertitudes géopolitiques profondes et, possiblement, une accélération de la désintermédiation bancaire dans les échanges internationaux.

L'or à 5 000 dollars serait donc moins une victoire pour les investisseurs avisés qu'un avertissement : celui d'un monde qui cesse de se coordonner, où chacun cherche à se prémunir du chaos en reconstituant ses propres forteresses monétaires. En dessous de 5 000 $, l'or reste un actif de couverture. Au-delà, il devient une référence. Cela signifie qu'il commence à concurrencer le dollar comme socle de confiance mondiale. Cela pourrait inciter certains pays à demander des règlements partiels en or ou adossés à l'or, mais aussi à émettre des devises ou tokens liés à l'or, et enfin à dénoncer la domination du dollar en prônant un système de compensation multiréférentiel.

Et si l'or atteignait 10 000 dollars ? Le scénario de bascule systémique

Parler d'un cours de l'or à 10 000 dollars l'once peut sembler relever de la science-fiction économique. Pourtant, dans les cercles monétaristes ou survivalistes les plus avertis, ce chiffre n'est pas inconnu : il correspond au scénario extrême dans lequel le système monétaire international actuel explose ou est profondément refondé.

Un tel niveau supposerait au moins trois ruptures majeures :

1. La fin du dollar comme monnaie centrale mondiale, remplacé par une multiplicité de monnaies régionales ou par des systèmes parallèles de compensation. Ce basculement créerait un besoin de « repère universel » : l'or, par sa neutralité géopolitique et son stock limité, retrouverait alors un rôle quasi-étalon.

2. Une crise de confiance généralisée envers les monnaies fiat, accompagnée soit d'hyperinflation (dans certaines zones), soit d'une dislocation bancaire majeure. Dans ce cas, la valeur de l'or ne monterait pas tant parce qu'il s'apprécie, mais parce que tout le reste s'effondre.

3. La reconstitution d'un « nouvel étalon or » implicite ou explicite, pour rétablir la confiance dans les échanges entre États. Si, par exemple, un panier de devises BRICS devait être adossé à 20-30 % d'or, la valeur de l'once pourrait être multipliée par deux, trois ou quatre pour correspondre aux flux commerciaux et à la masse monétaire concernée.

Les cryptoactifs : entre espoirs de décentralisation et reflux autoritaire

Pendant que l'or brille, les cryptoactifs vivent une situation paradoxale. Leur logique – contourner les institutions, permettre des échanges pair-à-pair, défier l'autorité centrale – séduit en période de défiance. Mais cette même logique les rend intolérables pour les régimes autoritaires et les États en crise.

Alors que les tensions monétaires et commerciales s'aggravent, les cryptomonnaies – en particulier le Bitcoin et les grands jetons décentralisés – apparaissent comme des instruments ambivalents : à la fois alternatives au système, refuges en cas de perte de confiance dans les monnaies fiat, et sources d'inquiétude pour les États.

Trois dynamiques opposées se dessinent d'ores et déjà clairement à l'échelle mondiale :

> – Première dynamique : les États autoritaires restreignent, voire interdisent les cryptos

En Chine, les autorités ont interdit toutes les formes de trading et de minage de cryptomonnaies dès 2021, avant de promouvoir leur propre monnaie numérique d'État : le e-yuan. Pour Pékin, le Bitcoin représente une menace : il échappe au contrôle du Parti, favorise les sorties de capitaux, et offre une liberté incompatible avec la surveillance intégrale du système financier.

Le même type de logique s'observe dans d'autres pays autoritaires : Iran, Algérie, Égypte, Turquie, Russie, où les cryptos sont soit interdites, soit fortement encadrées, souvent au nom de la stabilité financière, mais aussi de la lutte contre le terrorisme ou le blanchiment – un prétexte commode pour maintenir un pouvoir total sur les flux monétaires.

> – Deuxième dynamique : les démocraties les encadrent de manière croissante

Dans les pays occidentaux, la stratégie est différente : on ne bannit pas, mais on encadre. L'Europe, par exemple, a adopté en 2023 le règlement MiCA (Markets in Crypto-Assets), qui impose aux plateformes un strict régime de transparence, de lutte contre le blanchiment, et de protection des investisseurs.

Aux États-Unis, plusieurs États favorisent l'innovation blockchain (comme le Wyoming ou le Texas), tandis que la SEC multiplie les actions contre les plateformes, et que la fiscalité sur les plus-values crypto devient de plus en plus lourde. Le Canada et l'Australie suivent des lignes similaires.

Le message est clair : les cryptomonnaies ne sont tolérées qu'à condition de ne pas échapper au fisc, ni aux règles du jeu financier traditionnel. L'esprit libertaire du Bitcoin d'origine est progressivement corseté dans des cadres juridiques étroits.

– Troisième dynamique : les monnaies numériques d'État (MNBC) progressent rapidement

La véritable révolution, pourtant, pourrait venir non pas des cryptos privées, mais des cryptos publiques. En effet, la Chine a pris une longueur d'avance avec son e-yuan, utilisé dans plusieurs villes pilotes. L'Europe prépare l'euro numérique, et les États-Unis testent activement leur dollar digital via la Fed et des consortiums privés.

Ces MNBC visent à reprendre le contrôle de l'innovation monétaire tout en offrant des outils de surveillance sans précédent : des transactions traçables en temps réel, une programmation de l'usage des fonds (ex : aides sociales fléchées), et la possibilité de bloquer des paiements en fonction de critères politiques, sociaux ou environnementaux.

L'avenir des cryptos dépendra donc du rapport de force entre trois logiques :

- Centralisation vs décentralisation ;

- Contrôle total vs autonomie numérique ;

- Fiat programmable vs réserve incorruptible.

Dans un monde où les frontières se referment, où les transactions sont surveillées, où les monnaies sont instrumentalisées, le Bitcoin peut apparaître à la fois :

- Comme un rempart ultime de liberté, un « or numérique » sans frontière ni autorité ;

- Ou comme une cible, à abattre pour restaurer le monopole des États.

En résumé :

- Les autoritarismes bannissent ou remplacent.

- Les démocraties réglementent et fiscalisent.

- Les États numériques préparent leur contre-offensive.

La cryptomonnaie, loin d'être une mode, est devenue un champ de bataille monétaire, fiscal, politique et philosophique. Ce que décideront les grandes puissances dans les prochaines années pourrait déterminer si l'avenir est programmable… ou résistant.

Un monde à trois monnaies ?

À l'horizon 2030, on peut imaginer un monde structuré autour de trois grandes sphères monétaires, chacune étant le prolongement géopolitique d'un ensemble de valeurs, d'alliances et d'intérêts stratégiques divergents.

La première serait la sphère dollar, dominée par les États-Unis et ses alliés les plus proches : Canada, Royaume-Uni, Australie, peut-être une partie du Japon ou de la Corée du Sud, si ceux-ci ne basculent pas vers un alignement eurasien. Le dollar continuerait d'y jouer un rôle pivot, non seulement comme monnaie d'échange, mais aussi comme pilier d'un système de normes financières, de régulation bancaire, et de sanctions extraterritoriales, avec l'ombre omniprésente de la Réserve fédérale et du Trésor américain. Il ne s'agirait donc pas seulement d'une devise, mais d'un instrument de souveraineté étendue, servant à verrouiller la loyauté économique des partenaires.

Face à cette sphère, se constituerait la sphère yuan/or, fédérant la Chine, les BRICS élargis, et les pays cherchant à échapper à la domination du dollar. Ce groupe, déjà à l'œuvre dans les processus de dédollarisation, pourrait accélérer la mise en place de systèmes de compensation en monnaies locales ou adossés à l'or. L'augmentation spectaculaire des achats d'or par les banques centrales du Sud global depuis 2023 – plus de 2 200 tonnes en deux ans – témoigne d'un mouvement coordonné pour préparer un contre-modèle monétaire, plus solide face aux sanctions occidentales, plus souverain, et potentiellement plus attractif pour les pays exclus du système dominé par Washington. Le yuan, encore imparfait comme monnaie internationale, gagnerait en crédibilité s'il était lié à des volumes massifs d'or et intégré à une infrastructure de règlements alternative (comme le système CIPS chinois).

Enfin, la sphère euro ne pourra exister que si l'Union européenne parvient à surmonter ses divisions internes et à s'imposer comme bloc économique et stratégique cohérent. Pour cela, elle devra renforcer la crédibilité de l'euro en tant que monnaie d'investissement et de réserve, mais aussi en tant que symbole de puissance. Cela suppose une véritable union des marchés financiers, une capacité budgétaire commune, un marché obligataire intégré, et une souveraineté technologique et énergétique plus affirmée. L'euro ne pourra rivaliser avec le dollar ou le yuan tant qu'il dépend de la Banque centrale européenne sans bras politique affirmé, et tant que les États membres continuent à mener des politiques fiscales antagonistes. Si elle échoue à consolider son autonomie, l'Europe pourrait se retrouver aspirée dans l'une ou l'autre sphère, soumise aux pressions américaines ou chinoises, sans espace de manœuvre propre.

Entre ces sphères, pourraient émerger des monnaies alternatives et des actifs-refuges, servant de tampons ou de ponts : cryptomonnaies comme le Bitcoin ou l'Ethereum, or physique et numérisé, monnaies régionales (dirham, peso, roupie numérique), voire monnaies numériques d'État interopérables. Ces entités joueront un rôle crucial pour les pays non alignés, les multinationales opérant à cheval sur plusieurs blocs, et les citoyens cherchant à échapper aux contrôles ou aux dépréciations.

Mais pour que cette architecture à trois sphères reste stable, elle devra s'appuyer sur un équilibre fragile entre concurrence et coopération. Toute tentative d'hégémonie absolue de l'une des monnaies pourrait raviver les tensions, accélérer la fragmentation, ou déclencher des conflits de légitimité. La seule alternative à cette instabilité serait la reconnaissance mutuelle des sphères monétaires, sur le modèle des équilibres de la guerre froide, mais transposée cette fois dans le langage des devises, des taux d'intérêt et des flux de capitaux.

En somme, cette cartographie monétaire du monde à venir ne relève pas de la science-fiction : elle est déjà en germe dans les politiques actuelles des grandes puissances. Elle dessine les frontières invisibles du XXIᵉ siècle, où la monnaie devient autant un outil économique qu'un vecteur d'identité et de puissance.

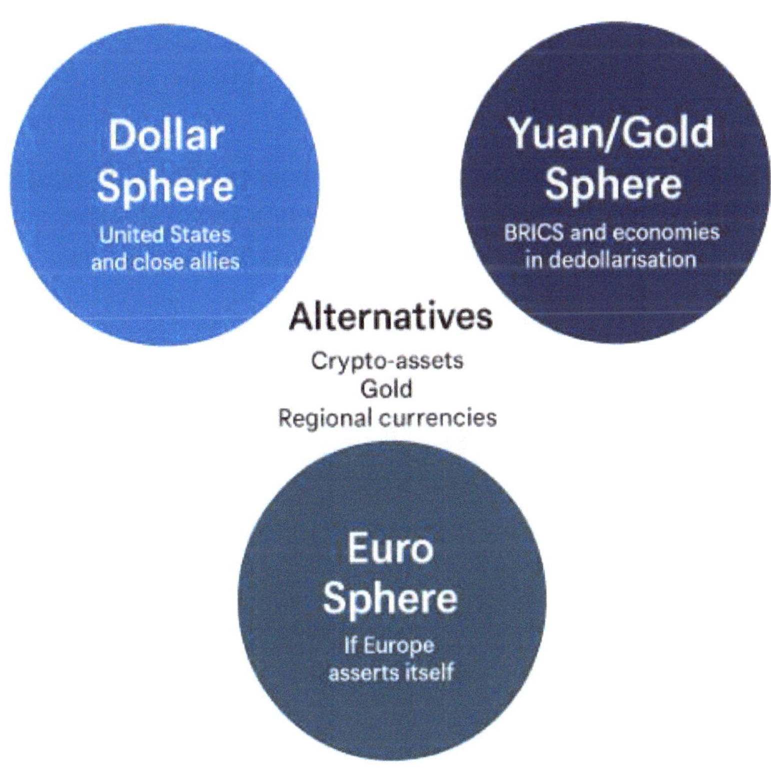

Une nouvelle guerre froide monétaire et un monde plus instable

Ce découplage monétaire pourrait devenir une nouvelle forme de guerre froide, non militaire mais systémique. À travers leurs devises, les blocs affirment leur pouvoir de sanction, leur capacité d'attraction, leur niveau de stabilité. La monnaie devient une arme, au même titre que les droits de douane.

Et dans cette guerre, les peuples sont rarement consultés.

Un monde où les devises s'opposent, où les systèmes de paiement sont cloisonnés, où les crypto-actifs sont surveillés ou interdits, est aussi un monde profondément instable sur le plan social.

Car derrière la guerre commerciale, derrière les enjeux de souveraineté monétaire, se cache une mutation du quotidien pour des milliards d'individus : comment payer ? Où investir ? Comment protéger son épargne ? Comment financer son avenir ? Autant de questions fondamentales qui touchent le cœur de la classe moyenne mondiale.

Si demain, les paiements sont filtrés en fonction de la nationalité, si l'accès aux devises fortes devient réservé à certaines élites ou à certaines zones géographiques, alors les frustrations économiques se transformeront en tensions politiques, puis, dans certains cas, en violence sociale.

Risques concrets d'un monde cloisonné

Plusieurs risques émergent si les dynamiques décrites dans ce chapitre s'installent durablement :

- **Restrictions de paiements internationaux** pour les citoyens lambda : dans un monde où les transferts de fonds sont filtrés, où les conversions de devises sont limitées ou surtaxées, les expatriés, les diasporas, les entrepreneurs internationaux ou les familles éclatées deviennent vulnérables.

- **Contrôle étroit des cryptos et taxation ciblée** : si l'État impose une surveillance numérique intégrale, les citoyens peuvent être pénalisés pour l'utilisation d'actifs alternatifs, voire criminalisés pour avoir utilisé un outil censé offrir de la liberté.

- **Inégalités d'accès aux devises fortes** : certaines populations pourraient ne plus pouvoir accéder à l'euro, au dollar ou à l'or, sauf à travers des marchés parallèles, accentuant ainsi les disparités entre zones riches et zones pauvres, même au sein d'un même pays.

- **Perte d'autonomie financière pour les classes moyennes** : en cas de gel des comptes, de contrôle des capitaux ou de chute de la monnaie locale, les ménages modestes sont les premiers touchés. Leur pouvoir d'achat s'effondre, leur épargne devient inutile, leur horizon économique se réduit à la survie.

Le déclencheur des insurrections modernes

Dans ce contexte, la monnaie devient un facteur de tension politique. Si elle était autrefois un instrument d'unité nationale (franc, mark, lire…), elle devient désormais une source d'angoisse, un marqueur de privilège, voire une arme de domination sociale ou géopolitique.

C'est un cocktail explosif : technocratie, surveillance, inégalités économiques, perte de souveraineté individuelle… Tout cela dans des sociétés déjà fracturées par les enjeux migratoires, identitaires, écologiques ou générationnels.

La guerre monétaire peut alors devenir le déclencheur d'insurrections modernes, comme on a pu le voir avec les Gilets Jaunes, mais à une échelle démultipliée. Cette fois, les révoltes ne se porteront pas seulement sur la taxation du carburant ou la vie chère, mais sur le droit même d'exister économiquement.

Et en France ?

Même dans des pays démocratiques stables comme la France, le risque n'est pas négligeable. La société est déjà sous tension fiscale et identitaire, avec une défiance croissante envers les institutions. Si la mobilité financière venait à être restreinte, si les placements devenaient suspectés ou bloqués, si les patrimoines modestes se retrouvaient à nouveau piégés, alors les mécanismes de radicalisation sociale pourraient s'emballer.

Ce qui n'est aujourd'hui qu'un débat monétaire pourrait devenir demain un catalyseur de guerre civile larvée, d'autant plus si des forces politiques extrêmes ou autoritaires s'en emparaient pour canaliser la colère.

En guise d'avertissement

Un système monétaire fragmenté n'est pas seulement un système instable. C'est aussi un système dangereux pour les démocraties, car il crée des asymétries brutales de pouvoir entre ceux qui contrôlent la monnaie… et ceux qui la subissent.

À trop diviser les monnaies, à trop contrôler les moyens de paiement, on ne fait pas qu'altérer l'économie : on fracture le contrat social. Et quand ce contrat est rompu, c'est l'ordre civil qui bascule.

Se préparer : quelle stratégie monétaire adopter dans un monde fracturé ?

Face à cette recomposition monétaire mondiale, il devient impératif de repenser sa stratégie patrimoniale. La première règle est simple : diversifier hors des monnaies fiat pures. Si l'avenir est à une fragmentation des sphères monétaires (dollar, yuan, euro, cryptoactifs), alors dépendre d'un seul système de paiement ou d'une seule devise devient un risque existentiel, et non plus seulement financier.

L'or s'impose donc comme un pilier de protection. Non seulement il a historiquement résisté à toutes les crises, mais il est aujourd'hui plébiscité par les banques centrales elles-mêmes, notamment dans les BRICS. Si vous possédez déjà de l'or physique (pièces, lingots, ou or sécurisé en coffre), ne vendez pas. Ce n'est pas un actif spéculatif, c'est un rempart stratégique. Si vous n'en avez pas encore, un point d'entrée progressif – même à des niveaux élevés – peut encore avoir du sens, car l'or pourrait devenir, non plus seulement un refuge, mais une monnaie d'échange implicite dans certains règlements bilatéraux futurs.

Les cryptoactifs, quant à eux, doivent être abordés avec discernement. Ils ne sont plus un pari sur la technologie, mais une option sur la souveraineté individuelle. Le Bitcoin, en particulier, peut être vu comme une assurance contre la confiscation ou l'inflation monétaire, à condition de bien comprendre sa volatilité et les risques de régulation. Privilégier le stockage en « cold wallet » hors des plateformes centralisées devient une règle de bon sens dans un contexte de surveillance croissante.

Enfin, la détention de plusieurs devises peut aussi devenir un atout. Disposer d'un compte multidevises (USD, CHF, SGD, ou même des monnaies plus stables d'Asie ou du Golfe) permet de garder une liberté de conversion si certaines zones deviennent inaccessibles. Cela nécessite parfois d'ouvrir des comptes à l'étranger, de manière légale et déclarée, pour conserver une agilité monétaire transfrontalière.

En résumé, la stratégie consiste à préserver l'accès, la mobilité, et la convertibilité de son patrimoine dans un monde où les monnaies deviennent des lignes de front. Or, crypto, multidevises : ces trois piliers doivent désormais faire partie de tout portefeuille de résistance – pas pour spéculer, mais pour demeurer libre dans un monde où payer, c'est exister.

Et l'argent métal dans tout cela ? Si l'or est le socle de confiance interétatique, l'argent (silver) joue quant à lui un double rôle : monnaie historique et métal industriel. Sa volatilité est plus élevée que celle de l'or, mais sa demande pourrait exploser dans les années à venir, notamment du fait des transitions énergétiques (panneaux solaires, batteries, électronique). Dans un scénario de crise prolongée ou de dédollarisation massive, l'argent pourrait servir de monnaie d'échange intermédiaire, plus « quotidienne » que l'or, notamment dans les paiements informels ou alternatifs.

Sa valeur relative reste historiquement basse par rapport à l'or (le ratio or/argent est encore très au-dessus de sa moyenne historique). Certains y voient une opportunité stratégique à long terme. Détenir quelques kilos d'argent physique (pièces, lingots, voire « junk silver » pour les micro-échanges) peut donc compléter efficacement un portefeuille de protection. L'argent est plus accessible que l'or, et plus liquide dans des montants faibles. Il peut devenir un outil monétaire de proximité, là où l'or est un actif de réserve.

En clair :

- L'or = socle de confiance mondial, actif de stabilité.

- L'argent = pont entre monnaie refuge et monnaie d'échange.

- Les cryptos = souveraineté individuelle et agilité numérique.

Diversifier entre les trois, c'est **préparer à la fois la préservation, la conversion et l'action**, selon les formes que prendra la guerre monétaire qui s'annonce.

Saisir les opportunités sur le marché des devises (Forex)

La fragmentation monétaire mondiale ne signifie pas la fin du Forex. Au contraire, elle pourrait en raviver les dynamiques spéculatives et opportunistes. Dans un contexte de guerre commerciale, les devises deviennent des armes politiques, mais aussi des vecteurs de rendement différentiel. Les traders et investisseurs agiles pourront en tirer profit.

Trois axes peuvent guider une stratégie Forex dans ce nouveau monde :

1. **Surperformance du dollar ou du yuan selon les zones de domination** : parier sur le dollar dans les zones alliées des États-Unis (USMCA, UK, Australie) ou sur le yuan dans les zones BRICS en expansion. L'euro, s'il reste faible ou non souverain, pourrait faire office de devise à shorter.

2. **Carry trade dynamique** : dans un monde où les banques centrales divergentes mènent des politiques non coordonnées, le différentiel de taux entre pays devient une opportunité. Acheter une devise à fort rendement (réal, roupie, peso) et

vendre une devise à taux négatif ou faible peut redevenir rentable, avec des stratégies prudentes et bien couvertes.

3. **Volatilité tactique sur les devises instables** : certaines devises (lire turque, rand sud-africain, rouble) subiront des attaques ou des à-coups politiques. Les investisseurs les plus techniques pourront y jouer des mouvements courts mais violents.

Enfin, dans un monde où les paiements sont filtrés et les transferts de devises plus complexes, le Forex pourrait redevenir une voie d'accès parallèle à certains marchés, y compris via les plateformes de stablecoins adossés à l'USD ou à l'euro, tant qu'elles resteront autorisées.

Conclusion : la fin de l'universalité monétaire ?

Ce chapitre pose une question simple mais vertigineuse : et si l'argent n'était plus universel ?

Et si demain, selon votre nationalité, votre passeport, votre devise ou votre portefeuille numérique, vous ne pouviez plus accéder au même monde ? Acheter, voyager, investir ou même payer pourrait devenir une expérience géopolitique différenciée.

La guerre commerciale a ouvert une brèche. Ce qui se joue désormais, c'est la structure monétaire du XXIe siècle. Une structure encore indécise, mais déjà fracturée.

CHAPITRE XI

Immobilier : repères stratégiques
pour un monde en recomposition

Dans un monde où les repères économiques, monétaires et géopolitiques sont en pleine mutation, l'immobilier reste pour beaucoup une valeur refuge. Mais cette apparente solidité ne doit pas masquer une réalité plus complexe : comme tout actif, l'immobilier évolue en fonction du contexte global. Ce chapitre propose une grille d'analyse stratégique, pour comprendre les dynamiques à l'œuvre et repérer les poches de résilience et d'opportunité.

Une géographie fracturée : tous les marchés ne se valent plus

Depuis 2022, on observe une bifurcation nette entre plusieurs types de territoires immobiliers :

- Les grandes capitales mondiales (Paris, Londres, New York) voient leur pouvoir d'attraction affaibli par l'essor du télétravail, la pression fiscale et les tensions sociales.

- Les métropoles secondaires (Nantes, Lyon, Bordeaux, Anvers, Valence, Porto...) tirent leur épingle du jeu, attirant des classes moyennes mobiles à la recherche d'un meilleur rapport qualité de vie / coût du logement.

- Certaines zones rurales ou périurbaines retrouvent une attractivité, à condition d'être bien connectées et dotées d'infrastructures numériques et médicales suffisantes.

À l'inverse, des zones entières sont en perte de vitesse structurelle : périphéries désindustrialisées, villes moyennes délaissées, centres commerciaux en déclin. L'investisseur avisé ne cherche plus la performance absolue, mais la résilience territoriale.

Résidentiel, bureau, logistique : les gagnants et les perdants

Le marché immobilier n'est pas monolithique. Voici une matrice de lecture sectorielle :

SECTEUR	TENDANCE ACTUELLE	OPPORTUNITÉS
RÉSIDENTIEL	Stagnation voire recul dans les grandes villes	Zones secondaires attractives, coliving, résidences étudiantes ou seniors
BUREAUX	Mutation profonde (baisse de la demande classique)	Bureaux reconfigurés, coworking, flex offices, labos
LOGISTIQUE	Forte dynamique (essor du e-commerce)	Entrepôts périurbains, zones bien connectées
COMMERCE	En crise structurelle	Commerces de proximité, retail parks bien positionnés
SANTÉ / EHPAD	Reprise sélective	Résidences médicalisées de qualité, hôtellerie médicale

L'enjeu n'est plus seulement de posséder de la pierre, mais d'anticiper les usages. L'immobilier d'aujourd'hui doit répondre à des besoins réels, identifiés, territorialisés.

Stratégie offensive ou défensive ? Dans un environnement de taux élevés, les stratégies doivent être adaptées au profil de l'investisseur :

• **Défensive** : privilégier les actifs patrimoniaux bien situés, avec des locataires stables et de long terme. Le rendement sera plus faible, mais la stabilité sera assurée.

• **Offensive** : viser des biens reconfigurables, dans des zones en mutation, en acceptant une part de vacance ou de travaux, mais avec une potentielle revalorisation à la clé.

Dans les deux cas, la **sélection locale** est cruciale. On n'investit plus dans « l'immobilier français », mais dans une rue, un quartier, une ville avec un projet précis.

SCPI : un levier d'accès et de mutualisation

Les SCPI (Sociétés Civiles de Placement Immobilier) restent une porte d'entrée stratégique pour les investisseurs souhaitant une exposition immobilière sans contrainte de gestion directe. Elles permettent de mutualiser les risques en investissant dans des centaines de biens répartis sur plusieurs secteurs (bureaux, santé, logistique, commerces…) et zones géographiques, souvent à l'échelle européenne. L'accessibilité est un autre atout majeur : il est possible d'y entrer dès quelques milliers d'euros, ce qui rend ce support très démocratique comparé à l'immobilier classique. La plupart distribuent des loyers de manière trimestrielle, avec des rendements bruts moyens de 4 à 6 %, ce qui en fait un outil de revenus complémentaires intéressant. Sur le plan fiscal, plusieurs stratégies permettent d'en optimiser le rendement net, notamment en passant par une assurance-vie (où la fiscalité est plus douce, surtout après 8 ans), ou par l'achat en nue-propriété, qui permet d'échapper à toute imposition pendant plusieurs années.

Mais toutes les SCPI ne se valent pas. Dans un monde fragmenté, marqué par des tensions géopolitiques et une redéfinition des usages immobiliers, la sélectivité devient cruciale. Les SCPI concentrées sur des zones fragiles ou des secteurs en déclin peuvent connaître une hausse de la vacance locative. À l'inverse, celles orientées vers les actifs stratégiques – comme la santé, la logistique ou les résidences gérées – bénéficient de tendances structurelles solides et d'un soutien public croissant. Il est aussi essentiel de surveiller des indicateurs comme le taux d'occupation financier, gage de stabilité, ou le taux de distribution, qui doit refléter une gestion équilibrée sans promesse excessive. Enfin, les SCPI capables de s'adapter, en investissant dans des bâtiments neufs, durables, ou réversibles, anticipent mieux les mutations ESG et urbaines à venir. En somme, les SCPI conservent tout leur intérêt, à condition d'y entrer en investisseur stratégique, et non en simple épargnant passif.

Mini-guide express pour bien choisir sa SCPI dans un monde incertain

1. **Diversification sectorielle** – Optez pour des SCPI investies dans plusieurs secteurs résilients : santé, logistique, éducation, résidentiel géré… Évitez celles 100 % bureaux ou commerce.

2. **Diversification géographique** – Privilégiez les SCPI exposées à l'Europe entière, surtout au nord (Allemagne, Benelux, Irlande) et à l'Espagne. Vérifiez la part hors France dans le patrimoine.

3. **Qualité des locataires** – Cherchez des SCPI dont les baux sont signés avec des entités publiques, des multinationales solides ou des entreprises de secteurs peu cycliques.

4. **Taux d'occupation financier (TOF)** – Visez un TOF supérieur à 90 %, preuve d'une bonne gestion locative et d'un patrimoine attractif.

5. **Capacité d'adaptation** – Analysez les derniers bulletins trimestriels : la société de gestion parle-t-elle d'adaptabilité, d'ESG, de résilience économique ? Ou reste-t-elle figée dans un modèle ancien ?

6. **Frais et liquidité** – Comparez les frais d'entrée (souvent entre 8 % et 12 %), mais aussi la capacité à revendre. Une SCPI avec un marché secondaire organisé est préférable.

Conclusion

L'immobilier reste l'un des rares actifs à conjuguer matérialité, usage et rendement. Mais il faut désormais le penser comme un actif géopolitique : exposé, soumis à des mutations profondes, et stratégiquement dépendant du contexte fiscal, énergétique, réglementaire.

Les gagnants de demain seront ceux qui auront su capter cette nouvelle donne : investir non plus « dans l'immobilier », mais dans l'usage juste, au bon endroit, avec le bon véhicule de détention.

CONCLUSION

Quand les peuples se taisent,
le monde se transforme

Au début de ce livre, nous évoquions la « mondialisation heureuse » des années 1990-2010. Celle d'un monde ouvert, fluide, interconnecté. Celle où la paix semblait garantie par l'interdépendance, où les marchandises, les capitaux et les personnes circulaient librement, et où l'économie, plus que la politique, dictait le rythme du monde.

Mais ce monde est révolu.

La décennie 2020 a vu s'effondrer, une à une, les colonnes du temple globalisé. D'abord par des chocs sanitaires et militaires – Covid, Ukraine, terrorisme. Ensuite par un retour brutal de la volonté de puissance. Le nationalisme a repris ses droits, non pas seulement comme idéologie, mais comme système de gestion du réel. Les grandes puissances, États-Unis et Chine en tête, ne cachent plus leur volonté d'affrontement – non pas sur le champ de bataille, mais sur celui du commerce, de la monnaie, des normes, et demain peut-être… du déplacement même des individus.

Au cœur de cette nouvelle ère, les droits de douane, autrefois perçus comme un outil technique de politique commerciale, sont devenus le symbole d'un basculement de civilisation. On ne négocie plus pour équilibrer ; on taxe pour punir. On ne régule plus pour protéger ; on cloisonne pour dominer. Le multilatéralisme est remplacé par le bilatéralisme, la coopération par le rapport de force, la logique économique par l'affrontement géopolitique.

Mais au fond, ce livre n'est pas un simple traité sur la guerre commerciale. C'est une alerte.

Car derrière les tarifs douaniers, ce sont les fondements mêmes de nos sociétés démocratiques qui vacillent. Quand des dirigeants peuvent décider seuls de taxer, de bloquer, de négocier, sans garde-fous institutionnels, sans contre-pouvoirs réels, nous ne sommes plus dans une simple politique économique : nous glissons vers une reconfiguration autoritaire du monde.

Et ce glissement, les peuples le laissent faire. Par lassitude, par peur, ou par envie de solutions simples. Le danger est là : que l'efficacité apparente des régimes forts pousse les démocraties à leur ressembler. Que les procédures soient vues comme des faiblesses. Que les libertés soient jugées incompatibles avec la puissance. Et qu'à force de vouloir « parler d'une seule voix », on oublie ce que vaut chaque voix.

Le monde se referme, oui. Mais il ne se referme pas tout seul. Il se referme parce que nous le laissons faire. Parce que nous cédons à la tentation du repli, de la protection, de la force, au détriment de l'échange, de la pluralité, de la lenteur démocratique.

La question n'est pas de savoir si le monde sera multipolaire, fermé ou fracturé. La vraie question est : qui en dessinera les frontières ? Et selon quelles valeurs ?

Ce livre n'apporte pas de réponse définitive. Mais il trace une ligne d'alerte : si les peuples ne reprennent pas la parole, le monde appartiendra à ceux qui décident seuls.

ANNEXE

Frontières, souveraineté et expatriation : le cas français face au monde qui se ferme

La France entretient une relation ambivalente avec la question des frontières. Elle est à la fois une nation historiquement universaliste, ouverte à l'accueil, aux échanges culturels et à une diplomatie active, et une République centralisée, attachée à sa souveraineté et à la protection de ses intérêts nationaux, y compris dans les courants politiques de gauche. Cette dualité structurelle irrigue le débat politique français depuis des décennies. Elle explique en grande partie pourquoi le contrôle de la mobilité – y compris intra-européenne – peut devenir un sujet brûlant, notamment si un parti comme le Rassemblement National accède au pouvoir.

Le RN a renoncé à l'idée d'un Frexit ou d'une sortie de l'euro, mais il n'a jamais caché sa volonté de remettre en cause la liberté de circulation telle qu'elle est conçue par l'Union européenne. Son programme prévoit une suspension de l'espace Schengen, l'instauration d'une priorité nationale pour l'accès aux services, à l'emploi ou au logement, une réduction drastique de l'immigration légale, et potentiellement un rétablissement des contrôles aux frontières, y compris avec les pays voisins. Dans une Europe déjà fragilisée et dans un monde en guerre commerciale, cela pourrait aboutir à une remise en cause profonde de l'espace de libre circulation, affectant même les citoyens européens entre eux.

Dans ce contexte, se pose la question de l'expatriation française. Aujourd'hui, plus de 2,1 millions de Français vivent à l'étranger. Ce sont des entrepreneurs, des enseignants, des scientifiques, des artistes, des salariés ou des retraités. Ils forment une force vive, souvent qualifiée, qui entretient des liens commerciaux, culturels et humains puissants avec la France. Ils participent au rayonnement du pays, diffusent ses idées, ses produits, ses valeurs. Mais dans un monde où les frontières se ferment, ce statut pourrait devenir plus précaire. La situation fiscale, juridique ou diplomatique des expatriés pourrait se durcir, notamment si certains pays deviennent plus réticents à accueillir des citoyens étrangers, ou si des pressions géopolitiques s'exercent.

À l'inverse, en cas d'alternance politique radicale, il est aussi envisageable que la France elle-même impose des conditions plus strictes à l'expatriation : selon les métiers, les statuts, la nationalité ou la fiscalité. Cela irait à contre-courant de l'histoire longue de l'expatriation française, qui a toujours été un levier d'influence et une richesse discrète. Fermer le monde, ce serait aussi contracter cette ressource stratégique.

La vraie question, au fond, est celle de la souveraineté démocratique. Comment conjuguer les exigences légitimes de sécurité, de justice sociale, de cohésion nationale… avec la nécessité vitale d'ouverture, de mobilité, d'échanges ? Faut-il céder à une vision d'une « France retranchée », arc-boutée sur ses frontières ? Ou bien promouvoir un nouveau patriotisme d'ouverture, où l'expatrié est perçu non comme un citoyen fuyant, mais comme un ambassadeur, un pont entre la France et le reste du monde ? Un pays où la jeunesse voyage pour mieux revenir, et où le contrôle des flux ne devient pas un prétexte à la fermeture des esprits.

Le débat sur les frontières est trop souvent réduit à l'immigration ou à la sécurité. Il engage pourtant un choix de société. Souhaitons-nous une France fluide ou une France fermée ? Une République confiante ou une nation crispée ? Une patrie capable d'agir avec le monde, ou en guerre froide contre lui ? **L'expatriation française, dans ce débat, est une ligne de force silencieuse**. Mais si le monde continue à se refermer, elle pourrait bien devenir l'une des lignes de fracture majeures – ou au contraire, la plus puissante des lignes de résistance.

10 idées-clés à ne jamais oublier après avoir lu ce livre

1. **Les droits de douane ne sont pas un sujet technique.** Ils sont devenus un instrument de pouvoir, un levier géopolitique, une arme silencieuse aux effets profonds.

2. **Le monde s'est fermé plus vite qu'on ne l'imaginait.** Covid, guerre en Ukraine, guerre commerciale : chaque crise a affaibli la mondialisation sans qu'on l'ait vraiment anticipé.

3. **Trump, par ses décisions unilatérales, a déclenché un basculement systémique.** Ce ne sont pas des mesures ponctuelles, mais un changement de doctrine : celle du rapport de force généralisé.

4. **Les chaînes de valeur mondiales sont menacées.** Le coût de production, l'innovation et même la croissance sont affectés par la désarticulation des flux.

5. **Le dollar a chuté, mais pourrait remonter.** L'instabilité monétaire mondiale est l'un des marqueurs de la guerre commerciale, avec des conséquences sur tous les portefeuilles.

6. **La Chine et les États-Unis sont entrés dans un duel d'égos.** Ce n'est plus seulement une rivalité économique, c'est une guerre froide d'un nouveau type, où l'Europe est l'enjeu autant que le spectateur.

7. **L'Europe est au pied du mur.** Soit elle devient un vrai bloc autonome, économiquement et militairement, soit elle sera broyée entre les géants.

8. **Le piège des négociations bilatérales favorise les régimes autoritaires.** Quand les chefs parlent entre eux, les institutions s'effacent. Et la démocratie s'étiole.

9. **Le droit de circuler est menacé.** Non seulement pour les marchandises, mais aussi pour les personnes. La mobilité pourrait devenir un luxe, ou une faveur conditionnée.

10. **Le monde peut basculer rapidement.** Si les peuples se taisent, si la technocratie étouffe les voix, alors les nouvelles frontières — économiques, politiques, culturelles — seront tracées sans eux.

À propos de l'auteur
Jean-David Haddad

Retrouvez ses articles et
analyses quotidiennes sur
www.francebourse.com

Me contacter :

Pour me contacter, pour toute mise en relation concernant vos SCPI, pour tout coaching personnalisé, écrivez à contact@francebourse.com. Ce n'est pas moi qui vous répondrai directement, mais on me transmettra votre message et vous serez contacté très rapidement.

Me suivre :

Pour suivre mes recommandations quotidiennes, et lire mes études économiques régulières, inscrivez-vous à Francebourse.com, site leader pour l'information et la recommandation boursière à destination des particuliers depuis 2001, soit bientôt 25 ans.

Pour le magazine *Capital*, je participe à la newsletter Capital Trackers que vous retrouverez ici : https://trackers.capital.fr/

Bibliographie

Jean-David Haddad, co-fondateur de JDH Éditions, est aussi et surtout un auteur très éclectique.

Rédacteur de plusieurs milliers d'articles pour différents médias économiques et littéraires :

- *francebourse.com* dont il est co-fondateur en rédacteur en chef depuis 2002
- *jdheditions.fr* et sa revue littéraire *L'Édredon* dont il est directeur de publications depuis sa création en avril 2020
- *youtrading.com* dont il a été chroniqueur entre avril 2021 et 2023
- *entreprendre.fr*, dont il a été éditorialiste en 2022 et 2023
- *capital.fr,* dont il participe à la lettre Capital Trackers

Il est aussi auteur de nombreux livres dans plusieurs domaines (économie, sujets de société, livres pratiques, livres scolaires, préfaces d'auteurs classiques) dont plusieurs best-sellers.

Voici donc sa bibliographie en matière de livres :

Préfaces et postfaces d'œuvres classiques et contemporaines

- *Les techniques du corps*, Marcel Mauss, Memoria Books, avril 2025
- *Déclaration des droits de la femme et de la citoyenne* d'Olympe de Gouges, Memoria Books, janvier 2025
- *Le livre d'Hénoch*, JDH Éditions, septembre 2024
- *Le suicide* d'Emile Durkheim, Les Atemporels, JDH Éditions, janvier 2024
- *Mémoires olympiques* de Pierre de Coubertin, Memoria Books, mai 2023
- *Max* de Franck Antunes, Magnitudes, JDH Éditions, mars 2023
- *Le Capital* Tome 1 de Karl Marx, Memoria Books, février 2023
- *Découvrez votre potentiel de trader* de Benoist Rousseau, Les Pros de l'Éco, JDH Éditions, février 2023
- *L'ecclésiaste*, texte biblique, Les Atemporels, JDH Éditions, juin 2022
- *La machine à explorer le temps* de H. G. Wells, Les Atemporels, JDH Éditions, avril 2022
- *Perspectives pour nos petits-enfants, 1930-2030* de J. M. Keynes, Les Atemporels, JDH Éditions, février 2022
- *Nous ne sommes pas le sexe faible*, collectif de témoignages féminins, JDH Éditions, février 2022

– *La crise du monde moderne* de René Guénon, Les Atemporels, JDH Éditions, janvier 2022 – BEST SELLER
– *1984* de George Orwell, Les Atemporels, JDH Éditions, juin 2021 – BEST SELLER

Essais

– *La belle équipe du football français*, en co-auteur, Sporting Club, JDH Éditions, octobre 2022
– *Chroniques d'un économiste juste avant la crise*, Nouvelles Pages, JDH Éditions, juillet 2022
– *Bourse de Paris : 10 grands patrons, 10 grandes histoires*, en co-auteur, Les Pros de l'Eco, JDH Éditions, avril 2022
– *Inflation : 9 vérités pour comprendre et s'adapter*, Business, JDH Éditions, février 2022
– *Face au monde d'après ; du COVID à 2030, s'adapter à ce qui pourrait nous attendre*, Les Pros de l'Éco, juin 2020
– *Ce que votre banquier ne vous dira jamais*, en co-auteur, JDH Éditions, janvier 2019
– *Notre pouvoir d'achat est-il condamné ?* JDH Éditions, novembre 2018
– *Comment être rentier sans quitter la France ?* 1001 Réponses, janvier 2013
– *La crise jusqu'à quand ?* 1001 Réponses, décembre 2012

Livres didactiques, pratiques et pédagogiques

– *Monnaie, financement, dettes*, JDH Éditions, février 2025
– *Penny-stock trading*, Les Guides de Francebourse.com, JDH Éditions, avril 2024
– *Analyse fondamentale et analyse technique*, Les Guides de Francebourse.com, JDH Éditions, février 2024
– *Bien démarrer en Bourse*, Les Guides de Francebourse.com, JDH Éditions, septembre 2023
– *Inflation, 9 vérités pour comprendre et s'adapter*, JDH Éditions, février 2022
– *Écrire un livre à succès*, Baraka, JDH Éditions, mai 2021
– *Petit guide de survie face aux krachs boursiers*, JDH Éditions, mars 2020

– *Tout le monde peut s'enrichir en Bourse*, Les Pros de l'Éco, JDH Éditions, novembre 2019

– *Small caps, un atout majeur pour gagner en Bourse*, JDH Éditions, novembre 2019

– *Comment déjouer les pièges de la Bourse ?* JDH Éditions, juin 2019

– *L'économie ? Rien de plus simple !* Les Pros de l'Éco, JDH Éditions, novembre 2018 – BEST SELLER

– *Le trading, les vrais leviers d'une activité qui traque les gains*, Gualino Éditions, septembre 2012

– *Les placements dans le vin, une goutte de plaisir dans votre patrimoine*, en co-auteur, Gualino Éditions, septembre 2012

– *Devenez l'homme qui bat le marché*, Gualino Éditions, juillet 2011

– *Le penny-stock trading, l'art de gagner beaucoup en misant peu*, Gualino Éditions, janvier 2007 (2 éditions) – BEST SELLER

– *Quand j'ai commencé à gagner en Bourse, personne ne m'a cru*, Gualino Éditions, juin 2004 (3 éditions) – BEST SELLER

Livres scolaires

– *Sciences Économiques et Sociales : L'essentiel*, Bordas, septembre 2002
– *Réussir sa seconde en SES*, Bordas, août 2000 – BEST SELLER

Romans

– *Pacifica ou l'itinéraire d'un enfant de l'an 2000*, Éditions Sol'Air, décembre 2000 – BEST SELLER

Suivez **JDH Éditions** sur les réseaux sociaux
pour en savoir plus sur les auteurs,
les nouveautés, les projets…

Inscrivez-vous à notre Newsletter sur
www.jdheditions.fr
Pour recevoir l'actualité de nos nouvelles
parutions